風水×九星氣学

ぜんぶまるっとうまくいく運の「ポイ活」はじめました。

風水コンサルタント
森レナ

新社

怪我
無くし物
喧嘩
失敗
病気
ハア
まい どうしたの？ 元気ないね
なんか最近 調子悪くて… こんなことばっかり
ん――…
それ、もしかしたら 方位が関係してるかも
方位!?
あの 東西南北の？
うん
実はね 私も一時期 調子が悪くて 会社の先輩に 相談したんだ
ミス
嫌がらせ
そしたら 先輩に
方位が 悪いんじゃ ない？
って言われて
？
調べてもらったら 本当に 悪い方位ばかりに 行ってたみたいで
ちちょっと待って！
方位が 悪いって どういう こと!?
??

なんかね
人は日によって「相性の良い方位」と「相性の悪い方位」があるんだって
へぇ～。
そんなことってある…？
最初は半信半疑だったんだけど意識したら調子が良くなって
彼氏もできたんだよ！
えっ
スゴイ！
もし興味があったらまいにとってどの方位がラッキーか見てみようか？
えっ
そんなにすぐ分かるの？
ちょっと気になるかも
生年月日からかんたんに調べられるんだ
へぇ！
1990年3月7日生まれだよ
オッケ～
まずは「九星」っていう9つの星のうちまいの生年月日が何に該当するか見て…
九星
一白水星
二黒土星
三碧木星
四緑木星
五黄土星
六白金星
今日の日付で「一白水星」と相性の良い方位を見ると…
『西』が良いみたいだよ！
ほほう！
ちなみに、この辺もまいの家からちょうど『西』だよ！
まい
店
ほんと？
じゃあ何か良いこと起きたりするかな～…

…って
私のことより
みほの話聞かせてよ！
彼氏できたんでしょ？
どこで
出会ったの!?
ぐいっ
旅行先だよ！
話してたら
たまたま
お互いの家が
近所だって分かって
それからよく
ご飯に行くように
なったの
えええっ
そんなこと
ある!?
すごい偶然！
えへへ
「吉方位旅」の
おかげかも！
実は
彼氏が欲しくて
積極的に
運のポイントを
貯めてたんだ
「吉方位」？
運の
ポイント？
なんじゃそりゃ
？？
「吉方位」は
さっき話した
「今日の自分にとって
相性の良い方位」
のことだよ！
「吉方位」に
たくさん行くと
その分
運のポイントが
貯まって
運気がアップしたり
いざというときに
守ってもらえたり
するんだって
先輩から
聞いたの
運のポイント率
だから
恋愛運がアップする
『西』を意識して
過ごしたんだ！
『西』が吉方位の日は
積極的に
旅行や買い物に
出かけたの！
おすすめだよ～
じゃあまたね！
なんて
言ってたけど…

なかなか信じられないなァ
気にはなるけど…
あっ
ちょうど電車来た！
あれ!?
この時間いつも満員なのに空いてる！
ラッキー！座れた～
翌朝
あ～よく寝た！
昨日は久しぶりにみほに会えて嬉しかったな～
そうだお礼しとこ
まい
昨日はありがと～
楽しかったよ！
みほ
私も楽しかった！
また会おうね
ちなみに何か
いいことあった？
まい
そういえば、あのあと…
タイミング良く電車来て
奇跡的に空いてて
快適に帰れたよ！
みほ
おお～
よかったね！
さっそく効果出たのかも!?
まい
そう…かなァ!?
ちなみに
今日の私の「吉方位」って
どこ？
みほ
おっ
気になる？
ちょっと調べるね
みほ
お待たせ！
今日は
『東南』だよ～！
『東南』…
スーパーのほうだ！
買い物ついでに行ってみようかな

登場人物

主人公 まい

仕事も、恋愛も、日常生活もうまくいかない30代。占いや運命などは信じないタイプ。友人のみほに教えてもらった「運のポイ活」に半信半疑ながら取り組んでみたところ……。

友人 みほ

まいの高校時代からの友人。彼氏にフラれたり、仕事で失敗したりと落ち込んでいたとき、会社の先輩さくらに運のポイ活を教えてもらい実践。すると、毎日がハッピー&ラッキーになり、新しい彼氏もゲット！　彼と結婚したいと考えている。

先輩 さくら

みほの会社の先輩。仕事に打ち込み、恋愛は二の次。前職でレナさんに出会い、運のポイ活をはじめる。5年間、恋人がいない状態だったが……。

レナさん

手取り20万円の銀行員から風水の道へ。風水だけでなく、九星氣学の知識をも駆使し、風水コンサルタントとして活動。運のポイ活を編み出し、その効果を実証。年商は数千万円に。家族にも実践したところ、夫は仕事をしながら国立大学の大学院に合格、息子たちは海外の学校に進学したり、万年初戦敗退の野球チームのキャプテンとして16年ぶりに全国大会に進出した。

はじめに

赤信号ばっかりで、なかなか進めない！
電車の遅延で、待ち合わせに間に合わない！
会議で使う資料のデータが消えてしまった！
などなど……。
生活している中で、
「なんだかうまくいかない」
「イヤなことが次々と起こる」
というようなことはありませんか？
それは、**運のポイント**が少ない証拠！
気づかないうちに、〝相性の悪い方位〟に行ってしまっているからかもしれません。
でも、安心してください！

方位を意識するだけで、誰でもかんたんにハッピー&ラッキーな日々を過ごせるようになります。

はじめまして、森レナです。

もともと銀行で働き、富裕層の方々の資産運用をサポートしていました。富裕層の方々のご自宅を訪問し、お話をする中で、風水を大切にされていることを知りました。

この運命的な出会いから、風水の道へ――。

今では、世界的風水マスターのリリアン・トゥーに直接学んだ中国風水と日本古来の九《きゅう》星《せい》氣《き》学《がく》を駆使して、風水コンサルタントとして活動しています。

そもそも、地球上には宇宙からのエネルギーが、毎日、毎秒、降り注いでいます。太陽の輝きや月の光もそうです。私たちの周りは、目には見えない宇宙からのエネルギーで満たされており、それを「**波**」や「**波動**」と呼んでいます。

宇宙から降り注ぐ波動、目には見えないエネルギーを分かりやすく読み解くのが**風水**です。

さらに風水では、そのエネルギーのことを「**運**」と呼んでいます。

一方、九星氣学は、生まれたときに受けたエネルギーである九星（一白水星～九紫火星）と干支《えと》（十二支）、陰陽五行《いんようごぎょう》説を組み合わせて占い、生涯変わることはありません。

また、九星氣学では東西南北といった「**方位**」にもエネルギーが宿っていると考えます。

そのため、「方位」と自分の「九星」の相性によって、運氣が上がったり、下がったりします。かの徳川家康公も九星氣学を用いて幕府を江戸に移し、天下人となったとの逸話もあるほどです。

そんな「方位」と「九星」をかけ合わせた「**吉方位**」というものがあります。吉方位に向かうと運が良くなるのですが、それだけではありません。

昨今、歩く距離によってポイントが貯まるアプリなどがありますよね。あれと同じ原理で、**運もポイントと同じで貯めることができるのです。**

私は風水と九星氣学の知識をフル動員して、**運のポイ活**を編み出しました。

日々の行き先や旅行先を吉方位に変えるだけで、運のポイントがザクザク貯まり、あなたの願いを叶えてくれたり、悩み事を解決してくれるのです。

1歩でもいいので、ぜひ今日から吉方位へ向かって歩いてみてください！

CONTENTS

第2章 吉方位の出し方と過ごし方

第3章

運のポイントをもっと貯めよう！吉方位旅

第4章

神社仏閣でちゃっかり最強、運のポイ活

カレンダーのダウンロード方法

運のポイントを貯めるには、“吉方位”を知る必要があります。

本書には、吉方位がかんたんに分かる「吉方位早見カレンダー」を14ヶ月分、特典でおつけしていますので、ぜひご活用ください。

【ダウンロードの方法】

① 右の二次元バーコードを読み込んでサイトにアクセスする。

② サイトからＰＤＦをダウンロードする。

③ ご自宅のプリンターやコンビニで印刷して使う。

https://www.asukashinsha.co.jp/present/2024/09/poikatsu.php

ダウンロードしたカレンダーをもとに、毎日の吉方位を割り出すことができます。詳しい方法は、「第２章　吉方位の出し方と過ごし方」にてご紹介いたします。

※書籍をお買い求めになるまでは、上記のサイトにアクセスしないでください。
※特典の配布は、予告なく終了することがございます。
※プレゼント企画に関するお問い合わせは、弊社HPのお問い合わせフォームからお願いいたします。

第1章

運のポイントがザクザク貯まる吉方位

数週間後
みほ
おはよ～
今日の
「吉方位」は
『南』だよ！
まい
ありがとう！
Thank you!
みほが「吉方位」を送ってくれるから意識するようになったな～
あ、ちょうど会社の位置がうちから『南』だ
プルルルルル――
まもなく発車いたします
それにしても今日も人多いなァ
こんなに多いと座れないよね…
○○駅～
○○駅～
えっ
ラッキー！座れる!!
サッ
朝からツイてるぞ～！
おはようございます！
おはよう早速だけどちょっと良いかな
え！なんか私やらかした!?
ドキッ

今度のプロジェクトに参加してほしいと思っててね
どうかな？
え!!
本当ですか！ぜひ参加させていただきたいです！
やりたかった企画だ！嬉しい〜！
さっそくみほに報告だ！
給湯室
タタタ
まい
聞いて聞いてー！新しいプロジェクトに参加することになったよー！
みほ
えーすごい！よかったね〜！おめでとう！
まい
ありがとー！まさか「運のポイ活」の効果だったり!?
みほ
きっとそうだよ！
本当に…そうかも…？最近良いことばかりだし嫌なことがあまり起きてないかも
いやァでも偶然かな
ピコン
ん？
みほ
お祝いもかねてランチしようよ〜！ここのお店おいしいらしいよ！
わー
たのしみー！

方位には、相性の良い方位と相性の悪い方位がある

私たち1人ひとりには、生年月日から導き出されるエネルギーがあります。

このエネルギーが先ほど説明した**九星**で、必ず次の9つのうちの1つの星に分類されます。

九星一覧
一白水星《いっぱくすいせい》
二黒土星《じこくどせい》
三碧木星《さんぺきもくせい》
四緑木星《しろくもくせい》
五黄土星《ごおうどせい》
六白金星《ろっぱくきんせい》
七赤金星《しちせききんせい》
八白土星《はっぱくどせい》
九紫火星《きゅうしかせい》

九星氣学では、自分の九星から相性の良い方位と相性の悪い方位を割り出し、相性の良い方位に赴《おもむ》いて、運のポイントを貯めるのです。

宇宙からのエネルギーは、いつも同じところに同じように降り注いでいるわけではありません。地球は自転し、宇宙は毎秒大きくなり、星が生まれては死んでいく——。

このように絶えず変化しているので、それにともなって**相性の良い方位や相性の悪い方位が変化します**。つまり、年、月、日、方位によって、エネルギーの強弱があるのです。

また、九星氣学では、方位を「北」「東北」「東」「東南」「南」「西南」「西」「西北」の8つに分けます。この8つの方位には、金運や恋愛運、健康運など、それぞれ特徴があります（詳しくは、59ページでお話しします）。

さらに、8つの方位には、日によって「**すべての人にとって、相性の良い**（**または悪い**）**方位**」と「**あなたにとって**（**九星ごとに**）、**相性の良い**（**または悪い**）**方位**」があります。

すべての人にとって相性の良い方位には、恵方や太歳《たいさい》、天道が、相性の悪い方位には、五黄殺《ごおうさつ》や暗剣殺《あんけんさつ》、破れがあります。これらは、九星ごとに相性の悪い方位とあわせて、「凶方位」と言います。

もう1つの、九星ごとに相性の良い方位を「吉方位」と言います。

これが、**運氣が上がる＝運のポイントが貯まる方位**です。

この吉方位を活用しながら運のポイントを貯めることで、イヤなことや苦手な人を遠ざけるとともに、良いことやラッキーなことを引き寄せ、日々の生活を彩り、自分の人生を良くすることができるようになるのです。

調子が悪いときこそ、吉方位へ行こう

「もうダメだ！」

「もうイヤだ！」

「もう無理だ！」

「限界だ！」


今、あなたが人生の谷底にいるような気がしているなら、逃げ出してください。逃げる先は、**吉方位**。

やる気、元気、勇気、精気などの「気」は、すなわち「氣」。「氣」という漢字がつくものは、あなたのエネルギーを表しています。


やる氣がない。

元氣がない。

勇氣がない。

精氣がない。

氣分が悪い。

氣が乗らない。

こんなときは、あなたのエネルギーが下がっているということ。あなた自身の生命力が低下しているというサインです。

あなたの心が「もうイヤだ！　もう無理だ！」と叫んでいても、あなたのエゴが「何を言ってるの？　投げ出すわけにいかないでしょう。あと少し頑張りなよ！　できるよ！」と、叱咤激励してあなたを頑張らせる。そんなエゴの司令のもと、あなたの生命力が低下したまま動き出すと、どうなると思いますか？

強制終了が起きます。

病気になったり、大怪我をしたり、強制的に休息を取らなければならない状態になって、ようやくホッとして休めるのです。

こんなふうに、生命力が低下しているときに、行動で挽回しようと頑張ることはやめてください。心と体が疲弊していくだけです。

こんなときは「頑張らない！」を選択していいんだと、覚えておきましょう。生命力を回復するために、何をしたらいいのか分からないなら、そういうときこそ**吉方位へ行ってください**。吉方位へ行くと、運氣とともに氣力が満ちてあなたに小さな良いことが起きるようになります。

「自分なんてダメだ。運がない」と思っているなら、「私、ツイてる！」と思えるようなラッキーなことに出会うでしょう。

人間関係で傷ついたなら、見ず知らずの他人の優しさに触れたり、世の中捨てたもんじゃないなと思えるような出来事に遭遇するでしょう。

吉方位先で、あなたが祝福されてこの世に生まれてきていること、宇宙があなたを応援してくれていることを少しずつでも感じられたなら、あなたのエネルギーが高まっていきます。

そして生命力が高まっていき、自然に行動したくなるのです。

すると、吉方位へ行くことが増え、運のポイントがザクザク貯まるという良いサイクルができ上がります。あなたの調子が良くなることはもちろん、幸せな日々を実感することでしょう。

吉方位は、年と月と日で異なる

先ほどお話ししたように、吉方位は変化します。宇宙も地球も絶えず変化しているので、運が集まる**吉方位は一定ではない**のです。

同じ場所であっても、今日は相性が良いけれど、次の日には相性が良くないこともあります。

吉方位の変化には、一定のサイクルがあります。サイクルを知るためには、後天《こうてん》定位盤《じょういばん》（図1）という、各九星の定位置と、サイクルを割り出す図が必要です。しかし難しいうえ、話が長くなるので、本書では後天定位盤を簡略化して「**九マス**」（図2）とします。

吉方位は、いつも「九マス」の上をくるりと巡っています。

そして、「九マス」の上を巡るうえで、年のサイクル、月のサイクル、日のサイク

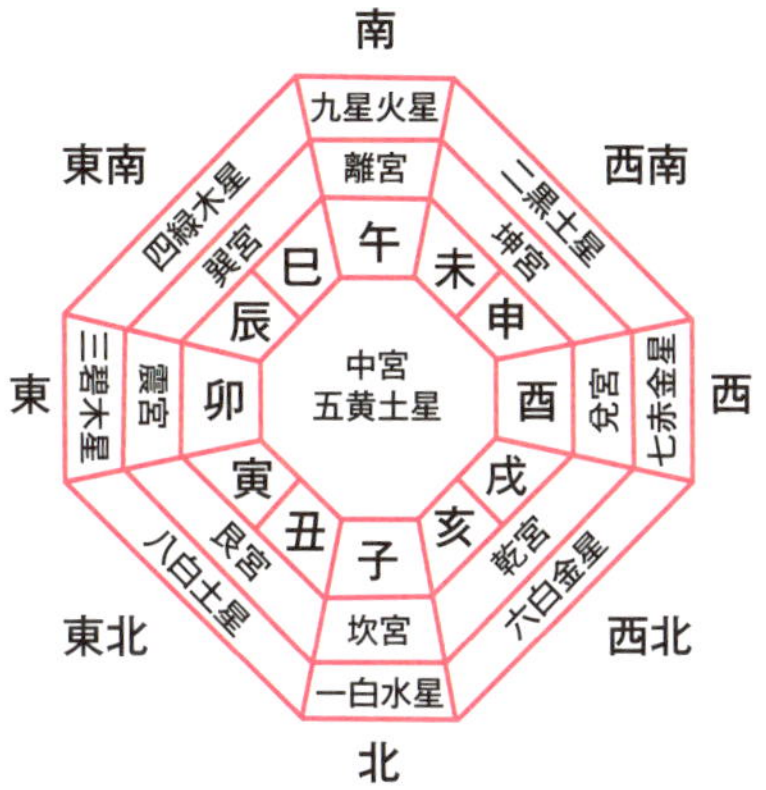

図1：後天定位盤

ルはそれぞれ速さが違っています。

・年のサイクル
1年ごとに1マス移動する
・月のサイクル
1ヶ月ごとに1マス移動する
・日のサイクル
1日ごとに1マス移動する

このように吉方位は、年、月、日によって、サイクルの速さが違います。そのため、運が集まる場所は日々変化しており、南が吉方位の日もあれば、凶方位の日もあ

4	9	2
3	5	7
8	1	6

図２：後天定位盤を簡略化した基本の九マス

るのです。

年と月、日のサイクルはそれぞれ異なりますが、サイクルが重なる日も出てきます。

特に、月と日のサイクルが重なる日、年と月と日のサイクルが重なる日は、吉方位が重なります。すると、吉方位の効果が高まり、運氣が上がりやすくなる。つまり、運のポイントがドーンと貯まります。詳しくは、30ページと33ページでお話ししますね。

運のポイントは、「距離×時間」で加算される

吉方位へ行くと運のポイントが貯まるとお伝えしましたが、どれくらい貯まるのでしょうか？

それは、**距離**と**時間**が関係します。

吉方位に行けば行くほど、滞在すればするほど、運のポイントがチャリン、チャリンと貯まっていくと考えてください。

Vカードやdカード、楽天ポイントなどのポイントカードを持っていますか？

お買い物のときにポイントカードを提示したら、お買い物額に応じてポイントが加算されますよね。運のポイントもまさにそれと同じなのです。

運のポイント数は、自宅からの距離（㎞）と滞在時間（時間）から求めることができ

ます。実際に、どのようになるのかご説明しましょう。ちなみに運のポイントの「1ポイント」は、ちょっとした幸せを感じるイメージです。

1

自宅から1㎞の吉方位にあるカフェに1時間滞在した

⬇1㎞×1時間＝1ポイントゲット！

2

自宅から50㎞の吉方位にある温泉で1泊した

（その場所に31時間滞在している）

⬇50㎞×31時間＝1550ポイントゲット！

３

自宅から３００㎞の吉方位にあるパワースポットに２泊３日の旅行をした

（その場所に53時間滞在している）

➡３００㎞×53時間＝1万5900ポイントゲット！

このように、吉方位に行けば行くほど、滞在すればするほど、運のポイントがザクザク貯まっていくのです！

月と日の九マスが重なった日は、お客様感謝デーのようなもの

各スーパーやモール、デパートにはお客様感謝デーのように、いつも以上にポイントが貯まる日があります。

たとえば、通常はお買い物額に応じて100円で1ポイントですが、お客様感謝デーのときには100円で2ポイントや3ポイントになったりします。

高額なものを買うとき、ポイントがたくさん貯まるように、お客様感謝デーを狙ってお買い物をするのではないでしょうか。吉方位にも同じことがあります。

お客様感謝デーならぬ、**スペシャルデイ！**

月と日の九マスが重なった日、月と日の吉方位が重なることで吉方位の効果が4倍に、つまり**運のポイントが4倍**になるのです。

28〜29ページの計算式をもとにご説明しましょう。

1

スペシャルデイに、自宅から1㎞の吉方位にあるカフェに1時間滞在した

↓1㎞×1時間×4倍＝4ポイントゲット！

2

スペシャルデイに、自宅から50㎞の吉方位にある温泉で1泊した

（1泊2日で、その場所に31時間滞在している）

↓50㎞×31時間×4倍＝6200ポイントゲット！

3

スペシャルデイに、自宅から300㎞の吉方位にあるパワースポットで2泊3日の旅行をした

（2泊3日で、その場所に53時間滞在している）

⬇300㎞×53時間×4倍＝6万3600ポイントゲット！

同じ場所に同じように行ったのに、行く日を選ぶだけで4倍の運のポイントをゲットできるんです。まさに、スペシャルデイですね！

年と月と日の九マスが重なった日は、スーパースペシャルデイ

スーパーやデパートなど、年に1〜2回は超スペシャルなセールがあります。このときばかりは、ポイントが10倍や20倍になり、お祭り騒ぎのタイミング！

ブラックフライデーとお客様感謝デーと創業祭が重なったような日。欲しいものがあるなら、このときに買わなきゃ損というくらいのポイント大サービスデイです。

同じように、吉方位にも年に数回だけ、見逃せない**スーパースペシャルデイ**があります。それは、年と月と日の九マスがすべて重なった日。

3つの吉方位が重なっているので、吉方位の効果が最大化され、**運のポイントが100倍になります！**

ちなみに私はこのタイミングでカナダに行って、運のポイントをザックザク稼いできました。

ここでも、28～29ページの吉方位のポイントの計算をもとにご説明しましょう。

1

スーパースペシャルデイに、自宅から1㎞の吉方位にあるカフェに1時間滞在した

↓1㎞×1時間×100倍＝100ポイントゲット！

2

スーパースペシャルデイに、自宅から50㎞の吉方位にある温泉で1泊した

（1泊2日で、その場所に31時間滞在している）

↓50㎞×31時間×100倍＝15万5000ポイントゲット！

3 スーパースペシャルデイに、自宅から３００㎞の吉方位にあるパワースポットで２泊３日の旅行をした

（2泊3日で、その場所に53時間滞在している）

⬇３００㎞×53時間×１００倍＝

１５９万ポイントゲット！

まさに、**スーパースペシャルデイ！**

できるだけ遠くの吉方位へ、できるだけ長い時間滞在できると、運のポイントが一気に貯まりますよ。

column

「吉方位あたり」があるかも

温泉に長く入っていると、「湯あたり」という症状が出ることがあります。これは、温泉の泉質の効能や効果によって起きる体調不良のことです。

吉方位へ行きはじめると、湯あたりならぬ、**「吉方位あたり」**なるものが起きることがあります。

発熱したり、頭やお腹が痛くなったり、体がだるくなったり、原因不明の体調不良が起こるのです。この原因不明というところがポイントで、風邪をひいたわけでも、悪いものを食べたわけでもなく、「疲れたのかな?」くらいしか自覚症状がないときは、「吉方位あたり」である可能性が高いでしょう。

吉方位あたりについて、自分の経験や周りの人の状態から分析した結果、どうやら、その人のエネルギー状態と吉方位のエネルギーの強さのバランスによるものだと考えられます。

たとえば、心も体も弱っているタイミングで、とてもご利益がある神社へ参拝したら、神社のエネルギーが強すぎて、吉方位あたりになりやすい。体調が悪いときにカンフル剤が強すぎて、身体を回復させようと思ったのに体が受けつけなかったという状態です。

でも、安心してください。吉方位あたりは、数日でケロッと治ります。

何度か吉方位へ行っていると、吉方位のエネルギーに慣れていくので、吉方位あたりになることもなくなりますよ。臆せず、吉方位へ行ってみてください。

運のポイントは少しずつ貯めても良い

吉方位のお作法にも、いくつか流派があります。

1回の吉方位旅では50㎞以上移動しないと効果が出ないものや、距離や滞在日数、時間帯などの制限を設けているものなどもあります。

私の提唱する運のポイ活では、自宅からの吉方位をきちんと調べて移動すれば、**短距離でも効果があります。**

出勤前に近場の神社に参拝しても、近所のスーパーへ買い物に行っても、犬の散歩に行っても、吉方位であれば運のポイントは貯まるのです。

距離が遠ければ遠いほど、滞在時間が長ければ長いほど、運のポイントはたくさん貯まりますが、年に1回の旅行では貯まるポイントにも限りがあります。

なので、日頃から吉方位を意識して少しずつこまめに運のポイントを貯めて、気づいたときには「こんなに！」と驚くほど貯まっているなんていうのも嬉しくありませんか。

無理して旅行しなくても、何万ポイントも貯めることは夢ではありません。

運のポイントが貯まると、願いが叶ったり、イヤなことが起こらなかったり、知らないうちに悩み事が解決していたりと、ハッピーでラッキーな日々を過ごせるようになります。ぜひ1ポイントからで良いので、運のポイントを貯めてみてください。

column

吉方位＋天道でよりお得な日にしよう

すべての人にとって相性の良い方位に、**天道**がありましたね。

天道は、クーポンのような存在。単体では使えないうえ、運のポイントが貯まるわけではありません。

しかし、吉方位と天道の方位が重なっていたら、運のポイントをゲットしつつ、おまけで良いことがたくさんあります。

たとえば、私が吉方位＋天道の日に台湾へ行った際、こんなことがありました。

マンゴーのかき氷を食べるために、市内から少し離れた果樹園に行き、かき氷を1つ注文して待っていると、「これも食べて」「これもおいしいよ」などと言いながら、マンゴーの果肉やジャム、ドライマンゴーなど、次から次へとお土産をいただいたのです。もちろん、かき氷以外のお代は無料！

吉方位なだけだと、ちょっとしたおまけで終わるところが、天道のクーポンを持っていたので、何割増しものおまけをいただけたのです。

また、天道は誰にとってもちょっと良い運氣になるので、吉方位でないと運のポイントは貯まりませんが、天道の方位に行くだけでもラッキーな日になるんです。

吉方位に行くときは、天道も意識してみましょう。

第2章

吉方位の出し方と過ごし方

おまたせ～
プロジェクト任命おめでとう！
ありがと～！
ねえ
「ポイ活」の効果けっこう感じてるんじゃない？
そうねェ
良いことあったけど…まだ半信半疑かな
そっか～
良いことあったならちょっと続けてみてもいいかもね
無理にとは言わないけど
うん
そうする～
じゃあこれあげるよ！
「運のポイ活」の本
運の「ポイ活」
ちなみに今日の「吉方位」を調べたら
まいは『西南』
私は『東』
まい
みほ
店
それでお互いの吉方位になる日を選んだんだ～

「吉方位」は
※カレンダーで
調べられるんだよ
九マスの数字に
○と×をつけて
割り出すの
東南 9
南 5
西南 7
東 8
1
西 3
東北 4
北 6
西北 2
「○」…吉方位
「×」…凶方位
※ダウンロード付録
へえ〜
いつも
これを見て
教えてくれてたんだね
調子が悪かったときは
「×」のところに
行ってたってことか
ちなみに
「吉方位」自体にも
それぞれ〝特徴〟が
あって…
『東』→活動運
『西』→恋愛運
などなど
今日みたいに
「吉方位」がいくつか
あるときは…
どっちに行こうかな
西
東
方位の〝特徴〟から
選ぶのもアリだよ!
恋愛運を強くしたいから『西』にしよう!
西
前に
「彼氏が欲しくて
『西』に旅行した」
って話したのは
まさにこれ!
えへへ
なるほど
そういう
方法も
あるんだね〜
ちなみに
仕事運は
『西南』だよ!
プロジェクト
応援してるね

九マスを使えば、かんたんに吉方位が分かる

24ページで、本来、吉方位を割り出すときは、後天定位盤を使うとお話ししました。これを使うには、風水を勉強する必要があります。

でも、「吉方位には行きたいけど、風水を勉強したいわけじゃない」「風水を勉強するなら、仕事で必要な英語を勉強しないと」「勉強する時間が取れない」などという方もいらっしゃいますよね。

そこで、風水の知識がなくても、かんたんに吉方位が分かる方法を考え続けて、あるとき、**九マス**に辿《たど》り着きました。

これからご紹介する手順にしたがって、実際にあなたの吉方位を割り出してみましょう。

【用意するもの】

・カレンダー（14ページでダウンロードしたもの）

・ペンまたは鉛筆（何色でもOKです）

【九マスを使った吉方位の割り出し方】

① 【九星早見表】で自分の九星を見つける

② 【九星別　吉方位・凶方位の数字】から「吉方位マイナンバー」と「風水凶ナンバー」を確認する

③ カレンダーで調べたい日にちの九マスを見る

④ ③の九マスに、②で確認した「吉方位マイナンバー」に「〇」をつける

⑤ グレーのマスと中央のマスに「×」をつける

⑥ ②で確認した「風水凶ナンバー」と反対側のマスに「×」をつける

⑦ ③の九マスの「〇」をもとに「東西南北」をチェックする

それでは、それぞれの手順について、詳しくご説明しましょう。

＊＊＊

1

【九星早見表】で自分の九星を見つける

49ページの【九星早見表】をご覧ください。

あなたの生年月日から、該当する九星を見つけます。運のポイ活で使う風水暦は、私たちが普段使っている太陽暦とは異なります。風水暦では、毎年2月4日の立春から1年がスタートします。そのため、1月1日〜2月3日生まれの方は、前年の九星となります。

九星早見表

一白水星	二黒土星	三碧木星	四緑木星	五黄土星	六白金星	七赤金星	八白土星	九紫火星
2026 令和8	2025 令和7	2024 令和6	2023 令和5	2022 令和4	2021 令和3	2020 令和2	2019 令和元	2018 平成30
2017 平成29	2016 平成28	2015 平成27	2014 平成26	2013 平成25	2012 平成24	2011 平成23	2010 平成22	2009 平成21
2008 平成20	2007 平成19	2006 平成18	2005 平成17	2004 平成16	2003 平成15	2002 平成14	2001 平成13	2000 平成12
1999 平成11	1998 平成10	1997 平成9	1996 平成8	1995 平成7	1994 平成6	1993 平成5	1992 平成4	1991 平成3
1990 平成2	1989 平成1	1988 昭和63	1987 昭和62	1986 昭和61	1985 昭和60	1984 昭和59	1983 昭和58	1982 昭和57
1981 昭和56	1980 昭和55	1979 昭和54	1978 昭和53	1977 昭和52	1976 昭和51	1975 昭和50	1974 昭和49	1973 昭和48
1972 昭和47	1971 昭和46	1970 昭和45	1969 昭和44	1968 昭和43	1967 昭和42	1966 昭和41	1965 昭和40	1964 昭和39
1963 昭和38	1962 昭和37	1961 昭和36	1960 昭和35	1959 昭和34	1958 昭和33	1957 昭和32	1956 昭和31	1955 昭和30
1954 昭和29	1953 昭和28	1952 昭和27	1951 昭和26	1950 昭和25	1949 昭和24	1948 昭和23	1947 昭和22	1946 昭和21
1945 昭和20	1944 昭和19	1943 昭和18	1942 昭和17	1941 昭和16	1940 昭和15	1939 昭和14	1938 昭和13	1937 昭和12

九星別　吉方位・凶方位の数字

九　星	吉方位マイナンバー	風水凶ナンバー
一白水星	3・4・6・7	1
二黒土星	6・7・8・9	2
三碧木星	1・4・9	3
四緑木星	1・3・9	4
五黄土星	2・6・7・8・9	5
六白金星	1・2・7・8	6
七赤金星	1・2・6・8	7
八白土星	2・6・7・9	8
九紫火星	2・3・4・8	9

2 【九星別　吉方位・凶方位の数字】から「吉方位マイナンバー」と「風水凶ナンバー」を確認する

49ページの【九星別　吉方位・凶方位の数字】から、自身の九星が示す「吉方位マイナンバー」と「風水凶ナンバー」を確認します。

3 カレンダーで調べたい日にちの九マスを見る

ここでは、例として一白水星さんの2025年1月13日を見てみましょう。

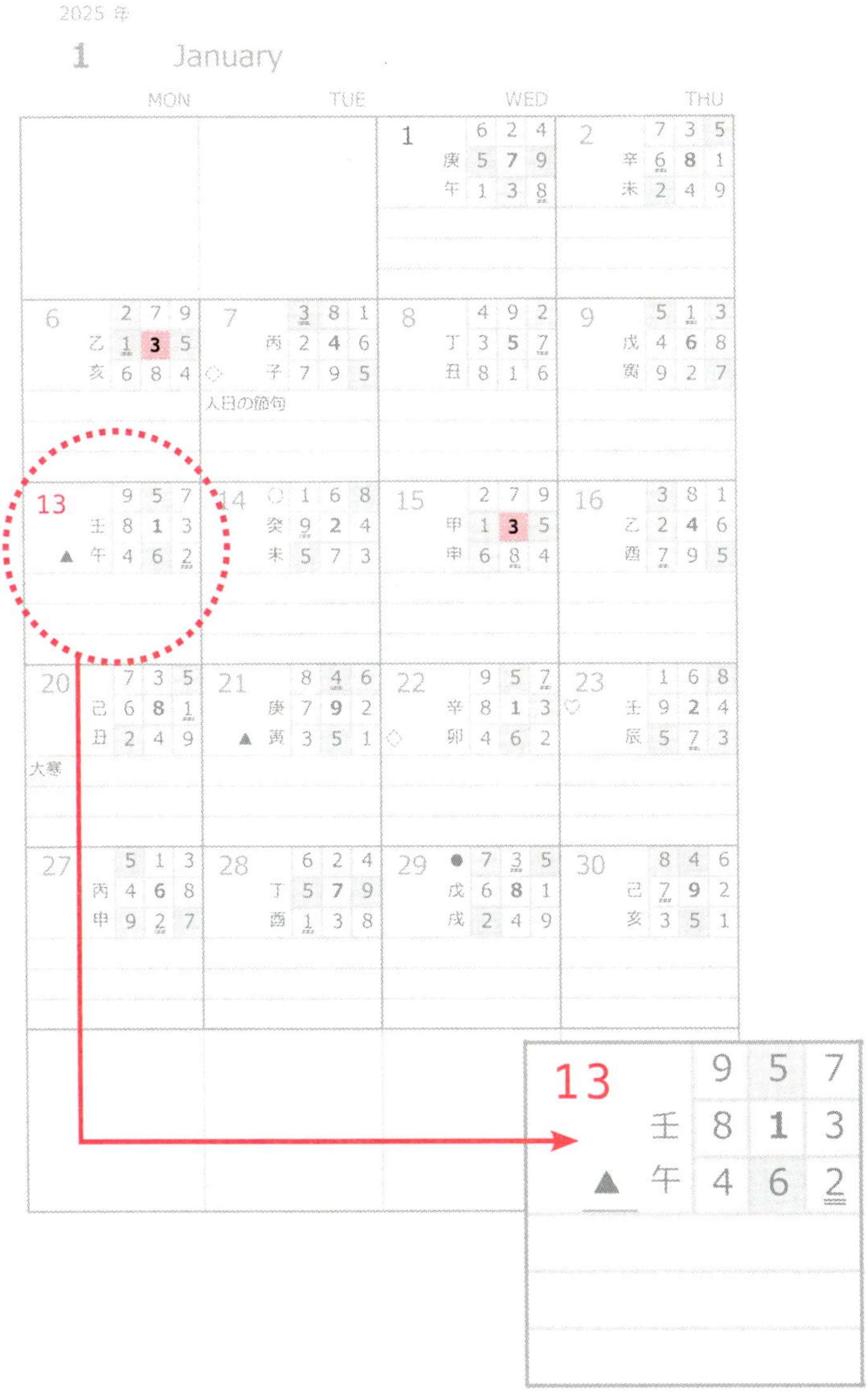

2025 年

1 January

MON	TUE	WED	THU
		1 庚午 6 2 4 / 5 7 9 / 1 3 8	**2** 辛未 7 3 5 / 6 8 1 / 2 4 9
6 乙亥 2 7 9 / 1 **3** 5 / 6 8 4	**7** 丙子 3 8 1 / 2 4 6 / 7 9 5 人日の節句	**8** 丁丑 4 9 2 / 3 5 7 / 8 1 6	**9** 戊寅 5 1 3 / 4 6 8 / 9 2 7
13 壬午 ▲ 9 5 7 / 8 1 3 / 4 6 2	**14** 癸未 1 6 8 / 9 2 4 / 5 7 3	**15** 甲申 2 7 9 / 1 **3** 5 / 6 8 4	**16** 乙酉 3 8 1 / 2 4 6 / 7 9 5
20 己丑 7 3 5 / 6 8 1 / 2 4 9 大寒	**21** 庚寅 ▲ 8 4 6 / 7 9 2 / 3 5 1	**22** 辛卯 9 5 7 / 8 1 3 / 4 6 2	**23** 壬辰 1 6 8 / 9 2 4 / 5 7 3
27 丙申 5 1 3 / 4 6 8 / 9 2 7	**28** 丁酉 6 2 4 / 5 7 9 / 1 3 8	**29** 戊戌 ● 7 3 5 / 6 8 1 / 2 4 9	**30** 己亥 8 4 6 / 7 9 2 / 3 5 1

13 壬午 ▲

9	5	7
8	**1**	3
4	6	2

4

③の九マスに、②で確認した「吉方位マイナンバー」に「○」をつける

一白水星さんの「吉方位マイナンバー」は、3・4・6・7です。

九マス上のこの数字に、「○」をつけます。

九星別 吉方位・凶方位の数字

九　星	吉方位マイナンバー	風水凶ナンバー
一白水星	3・4・6・7	1
二黒土星	6・7・8・9	2
三碧木星	1・4・9	3
四緑木星	1・3・9	4
五黄土星	2・6・7・8・9	5
六白金星	1・2・7・8	6
七赤金星	1・2・6・8	7
八白土星	2・6・7・9	8
九紫火星	2・3・4・8	9

5 グレーのマスと中央のマスに「×」をつける

九マスの「上」と「下」にあるグレーのマスと、中央に「×」をつけます。

このとき、④で「○」をつけたマスであっても、該当する場合は上から「×」をつけます。

6 ②で確認した「風水凶ナンバー」と反対側のマスに「×」をつける

九星別 吉方位・凶方位の数字

九　星	吉方位マイナンバー	風水凶ナンバー
一白水星	3・4・6・7	1
二黒土星	6・7・8・9	2
三碧木星	1・4・9	3
四緑木星	1・3・9	4
五黄土星	2・6・7・8・9	5
六白金星	1・2・7・8	6
七赤金星	1・2・6・8	7
八白土星	2・6・7・9	8
九紫火星	2・3・4・8	9

②で確認した一白水星さんの「風水凶ナンバー」の「1」に「×」をつけます。

さらに、「風水凶ナンバー」から中央のマスを挟んだ反対側のマスに「×」をつけます。今回は中央のマスが「1」なので、すでに「×」がついています。さらに、「風水凶ナンバー」が中央のマスにある場合、反対側のマスはありません。

＊反対側のマスについて、図を使ってご説明しましょう。
反対側のマスは、「風水凶ナンバー」から中央のマスを挟んだマスのことです。

【風水凶ナンバー】が
Ⓐにあったら、反対側は「**2**」
Ⓑにあったら、反対側は「**6**」
Ⓒにあったら、反対側は「**4**」
Ⓓにあったら、反対側は「**3**」
Ⓔにあったら、九マスの中央なので
反対側はありません。

7

③の九マスの「○」をもとに「東西南北」をチェックする

九マス上に残った「○」の場所、つまり3・4・7の数字の方位を、カレンダーの右上にある九マスを使って確認しましょう。

それぞれ、西、東北、西南ですね。

つまり、一白水星さんの（2025年1月13日）の吉方位は、西、東北、西南になります。

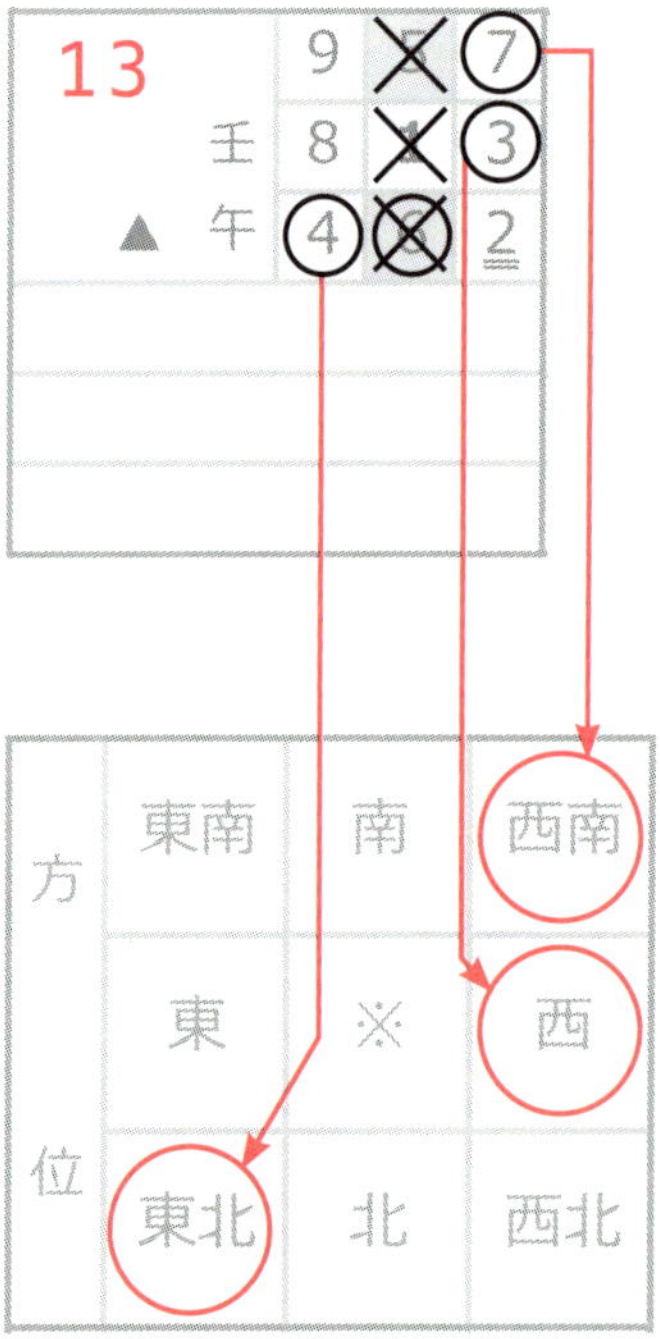

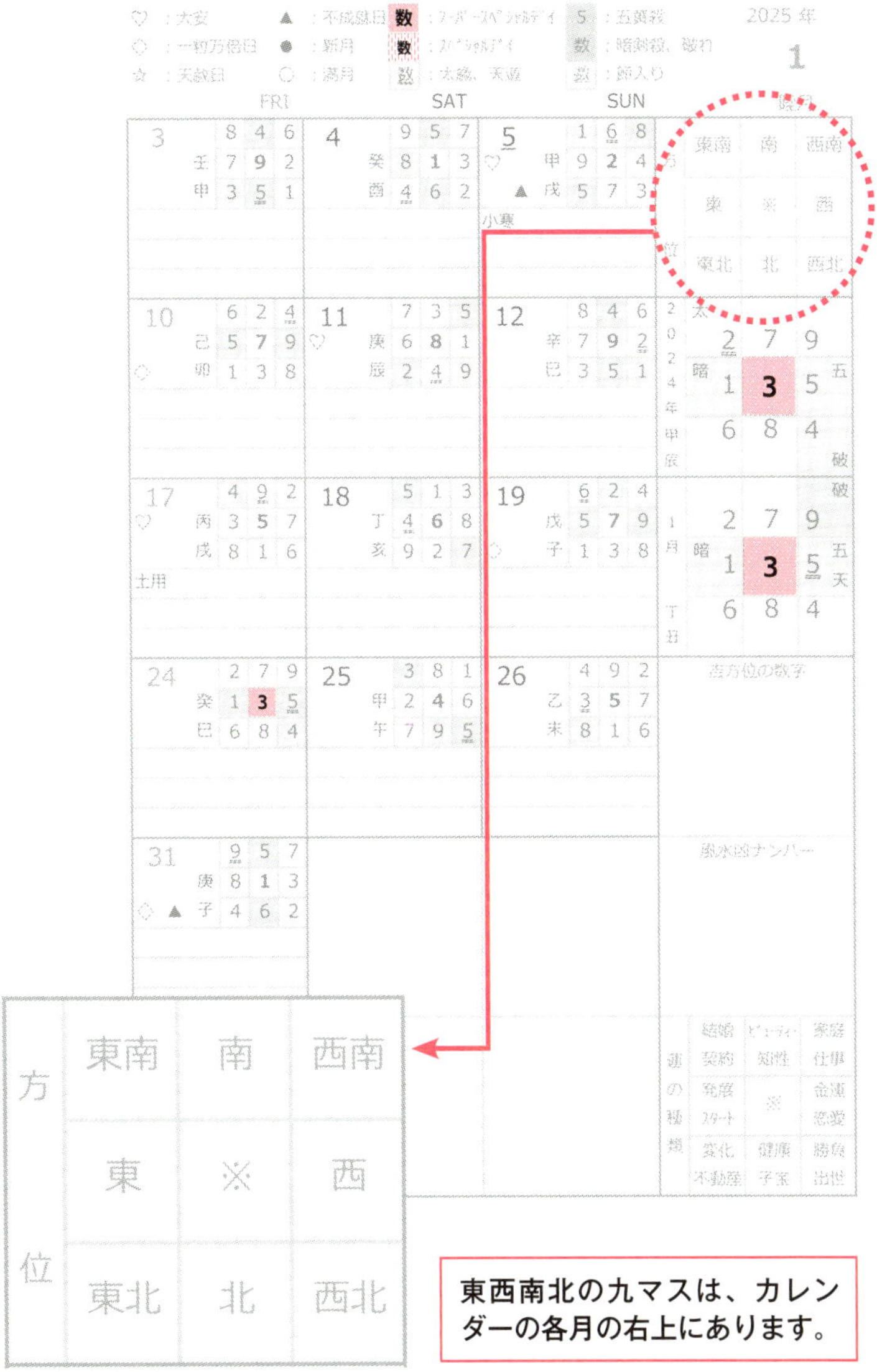

東西南北の九マスは、カレンダーの各月の右上にあります。

＊＊＊

九マスを使い、手順に沿って進めていくと、かんたんに吉方位が割り出せます。あなたのご自身の吉方位はもちろん、ご家族や友人の吉方位も生年月日が分かれば、かんたんに割り出すことができます。

どんどん吉方位を調べて、運のポイントを貯めるべく、お出かけください。

各方位には、運の特徴と過ごし方の特徴がある

吉方位とは別に、それぞれの方位にはすべて、特徴があります。なんとなく「運が良くなりたい！」と思われるかもしれませんが、「どういうふうになりたいか」「どういう望みを叶えたいか」「どんな悩みを解決したいか」など、より詳しく考えてみてください。叶えたい内容によって、行くべき方位が変わります。

たとえば、次のような使い方もできます。

・面接までに「仕事運」や「契約運」が高まる吉方位に行って運のポイントを貯める
・宝くじを買う前に「金運」が高まる吉方位に行って運のポイントを貯める
・試合までに「勝負運」が高まる吉方位に行って運のポイントを貯める

旅行を計画する際に方位をメインに考えたり、吉方位を割り出したときに複数の方位が吉方位になったら「どこに行こうかな？」と考えるときの参考にしてください。

北

［テーマ］ヒーリング

健康運・子宝運・愛情運

パワーチャージで現れる効果

- 健康回復
- 悩み事が解消する
- 仕事や事業がスムーズに進む
- 異性や友人と親密な関係になる
- 子供に恵まれる
- ストレスやナーバス、情緒不安定の解消
- ぐっすり安眠できる
- 仕事に復帰できる
- 冷え切ったパートナーとの愛情が復活する
- 人との信頼関係を築ける
- 秘密が守られる（逆に秘密がばれることで、開運の場合もある）

開運スポット

- 水族館、マリンスポット
- 地下にあるショップ
- お酒を飲む場所（バー、スナックなど）
- 清らかな水の湧き出る場所

- 清流沿い、湖畔などの水辺の宿
- 湿原
- 露天風呂温泉
- 会員制のホテル
- 秘湯の一軒宿
- 隠れ家風の宿、離れ
- 知る人ぞ知る穴場スポット

開運パワーを高める土地の味覚

- 豆腐料理、湯葉料理、豆乳
- 海藻を使った料理
- 地酒、現地で作った白ワイン、白酒
- キノコ料理
- 搾りたてのミルクやソフトクリーム
- 地元のフルーツで作ったジュースやデザート

開運お土産

- 地酒
- 海苔
- 海塩
- 墨
- 竹や檜《ひのき》の民芸品
- ガラス細工
- タオルや手ぬぐい
- 水玉のモチーフのグッズ

東北

[テーマ] デトックス

変化運・不動産運・相続運

パワーチャージで現れる効果

- ライフスタイルが変わる
- 事業展開が変わる
- もめ事、悩み事が解消する
- 不動産で利益が出る
- 思いがけない出来事が起きる
- 資産を相続する
- 転職や新しい就職先が決まる
- 後継者になる
- 悪い縁を断ち切れる
- 心境が変わる、心機一転する
- 良い家が買える、部屋が見つかる
- 貯蓄や財産が増える
- 親戚からの援助を受ける
- 事業、仕事を引き継ぐ

開運スポット

- 山の上のレジャースポット
- 山頂の神社
- 山の上の宿
- 見晴らしの良い高台の宿

- 高層ビル、高層ホテル、高層階の部屋
- 老舗の旅館や名店
- 最近リニューアルした宿、施設
- 展望台、展望レストラン
- 歴史や伝統のあるスポット
- 竹林

開運パワーを高める土地の味覚

- 和牛の料理、ソーセージ、ハム
- いくら、たらこ、数の子
- キムチや漬物
- たけのこ、きのこ類
- 串団子、ミルフィーユ
- 牛乳やチーズ、ヨーグルト
- 甘酒、果実酒

開運お土産

- 石鹸、ボディケア用品
- 竹細工（竹かごなど）
- 重箱や小物入れ
- 万華鏡
- 老舗の銘菓、老舗の民芸品
- 天然塩
- マッサージグッズ

東

［テーマ］アクティブ

発展運・創造運・活動運・やる氣運・アンチエイジング運

パワーチャージで現れる効果

- 運勢が勢い良く動き出す
- あらゆることに積極的になる
- 仕事の可能性が広がる
- 素敵なサプライズが起こる
- 発展する
- 新たな人間関係が生まれる
- 毎日ウキウキ楽しくなる
- 新たな活路が見えてくる
- 元氣、やる氣が出て行動力アップ
- ひらめきが豊かになる
- 目標や夢の実現がスピードアップ
- 若々しくなる（アンチエイジング）
- スポーツや音楽でツキに恵まれる

開運スポット

- 森林
- 庭園の美しい宿
- 植物園
- 花の名所、フラワー公園
- 講演会やセミナー、トークライブ

- スポーツやレジャースポット
- コンサート会場やライブハウス
- 繁華街、大通り
- 朝市、青物市場
- トレンドの宿や人気のスポット
- ご来光の名所

開運パワーを高める土地の味覚

- お寿司、酢のもの
- 人気のご当地グルメ
- わかめ、芽かぶなどの海藻類
- 柑橘類など酸っぱめのフルーツ
- 梅干し
- 緑茶、野草茶
- 抹茶スイーツ
- リンゴ酢や黒酢など酢が入った飲みもの、ジュース

開運お土産

- CD、DVD
- 鈴のついたストラップ
- リップ、口紅
- 楽器類
- 黄緑色の雑貨やインテリア
- 観葉植物、盆栽
- 苗木

東南

［テーマ］風
結婚運・良縁運・契約運

パワーチャージで現れる効果

・良縁に恵まれる
・片思いの恋愛が成就する
・通勤中、外出先で出会いがある
・海外など遠方へ行く（戻る）機会に恵まれる
・性格が円満になって人から信用される
・良い評判が広まって人気が出る
・SNSで良い情報を得られる、発信できる
・結婚が決まる
・仕事などの契約が整う
・贈り物が届く
・旅行でツキがある
・思いがけない知らせ、情報が入る

開運スポット

・カフェ*1やホテルラウンジ
・アロマテラピーサロン、香水ショップ
・エステなどビューティースポット
・風が吹き抜ける場所

- ローズガーデン
- 空港や港、ヨットハーバー
- 女性向けのお洒落な宿★2
- 果樹園
- 遠方のリゾート地
- 森林のコテージ
- 蛇にまつわるスポット

開運パワーを高める土地の味覚

- 麺類（そば、うどん、ラーメンなど）
- 鰻、穴子
- 天日干しの干物
- ハーブティー
- ワインや果実酒
- 香草を使った料理
- 麦茶やそば茶など、その土地のお茶
- デザート

開運お土産

- 扇子、うちわ
- ローズの香りのヘアケアやボディケアグッズ
- リボン、紐、帯、糸
- 絵葉書、レターセット
- お香、香水、アロマオイル
- 檜のグッズ
- 情報誌

★1 チェーン店可（人氣なカフェだとさらに良いです）
★2 レディースプランやレディースデイなど、女性に特化した企画や施設のことです。
男性だけでは開運スポットになりませんが、女性と一緒なら開運スポットになります。

南

［テーマ］美、ゴージャス

知性運・ビューティー運・名誉運・手放し運・離合集散運

パワーチャージで現れる効果

- 知識、見識が広がる
- 良いアイデアが浮かぶ、企画力がつく
- 直感、インスピレーションが冴える
- 取捨選択がスムーズになる
- 悪い縁が切れる
- ウソや本性を見抜く
- 訴訟や争い事で有利になる
- 人気が出る
- 人から注目される
- 性格が明るくなる
- 美しく、魅力的になる
- 芸術やファッションのセンスアップ
- 隠れた才能が開花する
- 感情豊かになる

開運スポット

- 花の咲く場所
- 書店、図書館
- 美術館、アートスポット
- 映画館
- 演劇や舞踏のシアター

- スパ、エステサロン
- ジュエリーショップ
- イルミネーション
- 火山の噴火口
- 高級リゾートホテル
- 海の見える宿、客室

開運パワーを高める土地の味覚

- 蟹、伊勢エビ、ロブスター
- カニクリームコロッケ
- 馬肉
- 貝類
- エディブルフラワー（食用の花）
- トロピカルフルーツ
- カクテル

開運お土産

- クリスタル、ガラス製品
- コスメ、美容グッズ
- 鏡
- 絵画
- ジュエリー、アクセサリー
- サングラス、めがね
- 文房具
- 本

西南

家庭運・仕事運

［テーマ］スローライフ

パワーチャージで現れる効果

- 人との絆が深まる
- 就職先が見つかる
- 収入や暮らしが安定する
- 優しさや謙虚さが身につく
- 女性らしさ、母性が強まる
- 家庭が幸せになる
- 大きな商談がまとまる
- 勉強や仕事がスキルアップする
- 仕事への意欲が湧いてくる
- 素直で親しみやすい「愛されキャラ」になる

開運スポット

- 古民家カフェ
- 炉端焼き、居酒屋
- 骨董市、フリーマーケット
- アウトレットモール、リサイクルショップ

- ファミリーレストラン
- 見晴らしの良い野原、平地
- 人が大勢集まる観光スポット
- 民宿、民泊などの家庭的な宿
- 田舎家、民芸調の素朴な宿
- 公共の宿
- 平屋や低層階の宿
- ペンション

開運パワーを高める土地の味覚

- 米、小麦、雑穀類
- 郷土料理、家庭料理
- じゃがいも、里芋
- 大豆など豆を使った料理
- 寄せ鍋、おでん、炉端焼き
- 焼酎、梅酒

開運お土産

- 陶器のご飯茶碗や湯飲み茶椀
- コットンの肌着、パジャマ、寝具
- 和菓子（お団子、饅頭など）
- 木のお箸やカトラリー
- 炭
- 和風小物、民芸品
- 骨董品

西

［テーマ］笑いながらお金を使う

金運・恋愛運・社交運・交際運

パワーチャージで現れる効果

- 出会いや恋愛のチャンスに恵まれる
- 人脈が広がり、遊び仲間が増える
- お金の巡りが良くなる
- 悩まなくなる、リラックスできる
- 毎日に楽しみや喜び事が増える
- 人氣者になる
- 誘われる機会が増える
- 臨時収入が得られる
- 散財したあと、良い事が起きる
- おいしいものを食べる機会が増える
- 性格が明るくポジティブになる
- 笑う機会が増える
- モテる
- 趣味が増える

開運スポット

- カフェ*
- カラオケボックス
- アミューズメントパーク
- 劇場、シアター

- ゲームセンター
- ショッピングモール
- 寄席、演劇場、トークライブ
- 沼、沢など水が溜まる場所
- リゾートホテル
- 人氣のある宿
- オーベルジュ、美食の宿

開運パワーを高める土地の味覚

- 地鶏料理
- 卵料理
- 焼き鳥、参鶏湯
- 鶏ガラスープ
- キノコ鍋
- 栗ご飯、炊き込みごはん
- トリュフ、トリュフ塩
- おしるこ、お餅
- コーヒー
- 地ビール、地酒

開運お土産

- 包丁など、キッチン用品
- 財布、小物入れ
- 鳥の置物
- 歯磨きグッズ
- バッグ
- 記念コイン
- ワイン
- 羽毛グッズ
- おもちゃ

＊チェーン店OK（人氣なカフェだとさらに良いです）

西北

［テーマ］上質

勝負運・出世運・スポンサー運

パワーチャージで現れる効果

- 勝負に強くなる
- 受験に合格する
- リーダーシップが取れる
- 出世する、ステイタスが上がる
- 自分のグレードが上がる
- 独立心が旺盛になる
- 事業に成功する
- 宝くじや賭け事でツキがある
- 株や投機で成功する
- 玉の輿に乗る
- 目上の人から援助を受ける
- スポンサーが見つかる
- 品格が出る
- エレガントになる

開運スポット

- 由緒ある神社や仏閣、教会
- 野球場、競技場
- 卓球、ビリヤード場
- 美術館、博物館

- タワー、高層ビル
- 山や丘陵
- 高級感、格式のある宿
- 皇室ゆかりの宿、スポット
- 名所旧跡
- 高級住宅地
- ハイブランドのブティック

開運パワーを高める土地の味覚

- 懐石料理やコース料理
- 皇室ご用達の食べもの
- フルーツ（丸くて皮をむいて食べるもの）
- いなり寿司、海苔巻き
- 柏餅、桜餅
- 饅頭
- 老舗高級菓子

開運お土産

- お守り、お札
- 水晶玉
- 風呂敷
- 傘、レインコート
- 数珠状のブレスレット
- スカーフ、ストール
- 指輪、ネックレス、時計（フェイスが丸いもの）

吉方位のカギは、「目的地」と「滞在時間」

さあ、「吉方位へ行こう！」と思い、吉方位にある場所へ行く場合は良いのですが、目的地が先に決まっている（または決めている）場合や1日にさまざまな場所に行く場合には、気をつけていただきたいことが2つあります。

1つめは、**吉方位は目的地にのみ対応**していて、移動などは含まれないということ。

2つめは、1日の中でさまざまな場所に行く場合は、**滞在時間が長い場所が目的地に相当する**こと。

たとえば、吉方位は「西」なのに、凶方位の「南」にある会社（目的地）へ行かなければならない日が、1つめに当てはまります（目的地が凶方位だった場合の対処法は、79ページでお話しします）。

また、吉方位が「西」で凶方位が「南」だった日、南にある会社へ出社して、その後、打ち合わせで西南にある喫茶店へ、夜は会食で西の居酒屋へ行った場合、2つめに当てはまります。

このとき、滞在時間がそれぞれ、3時間、2時間、5時間だったとしたら、最初に、凶方位である「南」の会社へ行っても、「凶方位に行っちゃった」と思う必要はありません。

この場合の目的地は、滞在時間がもっとも長い場所、つまり会食で訪れた居酒屋の「西」となり、吉方位なので運のポイントが貯まるのです（表1）。

ただし、旅行先（目的地）に行くために立ち寄った場所――たとえば空港や駅など――に長い時間滞在しても、立ち寄った場所は「目的地」にはなりません。空港や駅が吉方位だとなお良いですが、あくまで「目的地」が吉方位になるように心がけましょう。

なお、宿泊をともなう場合は、滞在中の方位や帰宅時の方位は考えなくて大丈夫です。

たとえば、「北」が吉方位の日に「北」の目的地に3泊する旅では、出発日の吉方

場所	方位	滞在時間
会社	南	1時間
打ち合せの喫茶店	西南	2時間
会食の居酒屋	西	5時間

いちばん滞在時間が長いので、「西」にある居酒屋が目的地になります。

表1：1日にいろんな場所に行ったときの「目的地」の決め方

位のみ意識してください。2日目の凶方位が「北」でも問題ありません。**旅行中の方位は考えなくても良い**のです。

運のポイントの取りこぼしがないように、「目的地」の方位をしっかりチェックするようにしましょう。

目的地が凶方位のときは、どうすればいいの？

先ほどお話ししたように、九マスを使って吉方位を割り出したら、目的地が凶方位なんてこともあります。

脅かすつもりはありませんが、凶方位の種類によってはとても危ないものもあるので気をつけていただきたいところ。

でも、ご安心ください！

次の2つの方法で凶方位でも、トラブルが起きないようにできます。

1・凶方位の目的地に行く前に、相性の良い方位を挟む

2・日常的に運のポイントを貯めておく

それぞれの方法についてお話ししましょう。

1 凶方位の目的地に行く前に、相性の良い方位を挟む

目的地が凶方位の場合は、ルートを変えたりしても、凶方位であることは変わりません。

ただし、目的地に行く前に、相性の良い方位（九マスを使って割り出した吉方位であっても、目的地ではないため、厳密に吉方位とは言えません。そのため、相性の良い方位とします）にある神社やカフェに1～2時間ほど滞在しましょう。

立ち寄る神社やカフェは最終目的地ではないので、運のポイントが貯まるわけではありません。

しかし、相性の良い方位に立ち寄ることで、バリアを張ることができるので、凶方位の影響を和らげることができます。

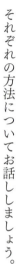

2 日常的に運のポイントを貯めておく

日頃から吉方位へ行っていれば、凶方位もへっちゃらです！

たとえば、スーパーのレジでポイントカードを提示すると、店員さんに「１００ポイントありますが、お使いになりますか？」と聞かれることがありますよね。

貯まっているポイントを使えば、身銭を切らなくて良いのでラッキーな気持ちになりませんか？

凶方位に行ったとき、これと同じことが起きます。

もし凶方位へ行っても、運のポイントが貯まっていればいるほど、大難が小難に、小難がお印程度になるのです。

だから、日頃から吉方位を意識して生活すると、凶方位も怖くなくなります。

運のポイントは変幻自在です。あなたの運氣をアップしてくれたり、ボディーガードのように守ってくれたりします。そのためにも、日頃から運のポイントを貯める習慣をつけましょう。

もう、吉方位へ行かないほうが、もったいないとさえ思えてきたのではないでしょうか。

吉方位がない日は、どうすればいいの？

九マスを使って吉方位を割り出すと、「吉方位マイナンバー」すべてに「×」がついて、吉方位がない日もあります。

そんな日は、外に出ないほうが良いように思われるかもしれませんが、大丈夫です。凶方位になっていない場合、天道のクーポンがあれば天道の方位に行ったり、その年の恵方参りの方位（恵方巻のときに向く方位）に行くことがおすすめです。

また、「○」も「×」もついていない白マスは、良くも悪くもないフラットな方位なので、目的地を白マスに設定しても大丈夫です。

とはいえ、**風水も九星氣学もあくまでツール**です。

「今よりもっと成功したい！」

「今よりもっと豊かになりたい！」

「今よりもっと幸せでありたい！」

「今より運が良くなりたい！」

と考えることは誰しもあります。

私は吉方位へ行ったり、住環境を整えたりして、人生に風水と九星氣学をたくさん使っています。

なぜなら、やりたいこと、行きたい場所、会いたい人、叶えたい夢があるから、自分の行動だけでは足りないエネルギーを補ってもらっているのです。

運を良くするため、夢を現実化するために、吉方位を楽しく取り入れているうちは良いのですが、いつしか夢中になりすぎて、気がつくと風水や九星氣学が生活の中心になりすぎると要注意。

「凶方位だから今日は行かない！」

「今年は運氣が悪いから仕方ない！」

「風水が〇〇って言ってるからやめておく！」

など、風水や九星氣学を理由に自分の行動を制限したり、行動を決めたりするのは危険です。

とある女性は風水にどハマりして、自分だけでなく家族の行動もすべて、風水を使って決めるようになっていきました。

お子さんの修学旅行先が凶方位だからと、修学旅行をキャンセルしたことも……。本人は行きたかったのに、風水を理由に従わせたのです。

そんな生活を続けているうちに、お子さんは引きこもってしまいました。これでは本末転倒ですよね。


あなたのやりたいこと、行きたい場所、なりたいもの、それらを手助けしてくれるのが、風水や九星氣学です。

あなたは、何にだってなれるし、どんなことだってできる。そのためには、あなたのエネルギーを高めていく必要があります。

風水や九星氣学といった手法は、あなたのエネルギーを高めてくれるツールであり、今のあなたに足りていないエ

行きたいお店が「凶方位」にある…
でもいっか! 行こう!

ネルギーを補うものなのです。

いつだってあなたが、あなたのやりたいことが、主役です。ここ、忘れないでくださいね。

運氣を上げる順番を間違えると効果がうすい

各方位には、それぞれ特徴がありました。

そこで、ちょっとした吉方位旅の上級テクをご紹介します。ぜひ、吉方位旅に慣れてきた頃に取り入れてみてください。

とはいえ吉方位・初心者の方は、まずはとにかく吉方位へお出かけして、運のポイントを貯めていくことが先決。何度か吉方位旅をして、慣れてきた頃に、このテクニックを取り入れてほしいのです。

ここでは、〈恋愛〉〈仕事〉〈人間関係〉で悩んでいる女性を例に考えてみましょう。

【恋愛編】

・さくらさん　5年間恋人がいないので、結婚前提で付き合える恋人が欲しい

・みほさん　今、付き合っている人と結婚したい

恋愛、結婚、絆や愛情を深めるなど、パートナーシップをより良いものにするための方位は、1つではありません。60～75ページを参考に、各方位の特徴を使いこなしましょう。

＊＊＊

1 さくらさんの例

恋人が欲しいので、「交際運」を高めれば良いと考え、「北」が吉方位のときに旅行することにしました。しかし、待てど暮らせど、恋人ができません。

【解説】

「交際運」には、たしかに「異性と親密な関係になる」という効果があります。しかし、気になる相手がいない場合は、効果がありません。

また、「交際運」を高める方位の「北」は、「愛情運」を高める方位でもありますが、恋人という愛を育む相手がいないので、愛情を深める方位に行っても効果は現れません。

まずは、相手と出会うことが最優先。

そのため、出会いの機会を増やしたいところです。この場合、行くべき方位は**「西」**。西は金運で有名ですが、恋愛運も高まります。恋愛運を高めて、恋愛エネルギーが上がったところで、合コンや婚活パーティーなどの出会いの場へお出かけください。いつになくモテて、声がかかりますよ。

2 みほさんの例

恋人がいて、結婚を望んでいるみほさん。
「結婚運」が高まる「東南」に、恋人と一緒に旅行することにしました。

【解説】

今、お付き合いされている方との結婚を望まれているのであれば、みほさんのように「結婚運」が高まる「東南」に行くのも良いでしょう。

ただ、「結婚運」を高める前に、相手とのご縁を深めたり、絆を強めていただきたいところ。

そのためには、「愛情運」の方位である「**北**」へ行ってください。みほさんのように、恋人と一緒に行くとなお良いです。2人で行くときは、2人の吉方位が「北」の日にすると効果絶大！　難しい場合は、みほさん（自分）の吉方位が「北」のときに行きましょう。

そして愛が深まった頃に、「結婚運」を高めましょう。他にも、「契約運」「良縁運」の方位でもある「**東南**」へ行ってください。結婚に向かって、順調に話が進むでしょう。

【仕事編】

・まいさん　資格を取得したい

・さおりさん　時給を上げてほしい

仕事運や出世運、交際運、良縁運など、仕事に関する運も多くあります。より望んだ状態になるためにも、方位の特徴を意識して、ピンポイントの運を高めましょう。

＊＊＊

1 まいさんの例

仕事をしながら新しい資格取得の勉強に取り組むも、仕事のあとに勉強しようとするとすぐに眠くなってしまい、なかなか進みません。

自分にやる氣がないからだと思ったので、「やる氣運」を高めるべく「東」が吉方位のときにカフェで勉強しましたが、あまり効果を感じられません。

【解説】

たしかに、勉強をするためにはやる氣が必要です。しかし、カフェで自主的に勉強しているまいさんには、すでにやる氣があります。なので、「仕

事運」と「勝負運」を高める「西南」と「西北」に行きましょう。

「仕事運」は勉強のスキルアップを、「勝負運」は試験の合否を司っています。

「勝負運」を高めておくと、合否が決まる1問を勝ち取ってギリギリでも合格できるようになります。

2 さおりさんの例

派遣社員として働いており、時給アップを望んでいるがなかなか上がらない。そこで「仕事運」を高めるべく、「西」が吉方位のときに積極的に出かけていました。

しかし、時給はアップしません。


【解説】

良い仕事をするためには、「仕事運」を高めるのが良いでしょう。しかし、さおりさんの望みは「時給アップ」です。時給は、派遣会社との契約内容で決まるものなので、「仕事運」を高めても時給アップの効果はありません。

さおりさんの場合は、派遣会社と良い契約が結べるように「契約運」を高める必要があります。また、自分をランクアップさせるという意味で、「出世運」を高めるのもおすすめです。

この2つの運を高めるために、契約を締結するまでに、「西北」と「東南」へ行きましょう。このとき、周りの状況などを考えずに自分が欲しい時給を具体的な数字でイメージして、足繁く吉方位へ行くとより願いが叶いやすくなります。

【人間関係編】

・ひとみさん　なんとなく友人との関係を断ちたい

人間関係と一口に言っても、良縁運や手放し運など、関係性の方向性によって、高める運が変わってきます。

＊＊＊

1 ひとみさんの例

大好きな推しのライブやイベントで仲良くなった友人（A子さん）がいます。ところが最近、なんとなくA子さんとの関係が煩わしく、一緒にいても楽しくないと思いはじめてしまいました。特に嫌いになったわけではないので、関係性が良くなるように「交際運」を高めるべく「北」に行きましたが、相変わらず煩わしいままです。

【解説】

「なんとなく」は直感です。「なんとなく」がきたタイミングでは、理由は分かりません。ただ、あとから理由は分かりますので、「なんとなく」の直感には従いましょう。

あなたにとって必要なモノは残り、不要なモノは離れるという力がある「離合集散運」を高めるため、「南」に行くことがおすすめです。ひとみさんの場合、A子さんとの関係が彼女にとって必要か、不要かを知ることができます。A子さんが必要であれば残るし、不要であれば自然に離れていきます。できればA子さんと一緒に行くのがベストですが、難しい場合は1人でも大丈夫です。

＊＊＊

このように高める運の順番を意識すると、より自分の叶えたいことに着実に近づいていくのです。本書の最後に、28この運をご紹介しています。吉方位旅に慣れてきたら、ぜひ、お試しください。

運のポイ活を記録すると、いつの吉方位の効果か分かる

吉方位へ行って運のポイントが貯まったら、その効果が現れるのが楽しみですよね。

この効果の目安となるのが、「1、4、7、10」の数字です。

1日(当日)、1週間、1ヶ月、1年、4日、4週間、4ヶ月、4年、7日、7週間……10日、10週間……など、「1、4、7、10」の数字がつく日や週、年などに、効果が現れやすいのです。

吉方位へ行った当日はもちろん、何か良いことがあった日は、この数字に着目して遡《さかのぼ》ると、いつの吉方位の効果なのかが分かります。

そのためにも、記録をつけるのがおすすめです。

出勤前の神社参拝、出勤場所や打ち合せ場所が吉方位だった場合など、日々の小さ

な吉方位は手帳に記録して、日帰りや短期・長期旅行の際は「吉方位ノート」のような専用ノートを作り、旅日記として記録すると良いでしょう。

12年前、吉方位旅をはじめたとき、方々の吉方位へ行っていたので、備忘録のために「いつ?」「どの方位?」「どこの神社仏閣?」などを1冊のノートに記録しはじめました。参拝したら必ずおみくじも引いて持ち帰っていたので、当初使っていたノートはポケットのついているもの。

そのうちに、「誰と一緒に行ったのか?」「ランチは何を食べたのか?」「どこに立ち寄ってお土産を見たのか?」「どこの温泉に入ったのか?」「ホテルはどこ?」など、どんどん細かく書いていくようになりました。

ポケットに入れておくだけではもったいないと思い、おみくじもノートに貼って、「どんな質問を投げかけ、おみくじにどんな答えが返ってきたか?」をメモしました。「そのときの自分がどんなエネルギー状態で、何を悩み、どの方位へ行って解決を願ったのか」「どんな望みが湧いて、どうなりたくて祈願したのか」を記録していると、効果が現れたときに、どの吉方位旅の効果なのかが分かって、とても興味深いのです。

今では、書き置きの御朱印もノートに貼っています。季節限定の御朱印や、祭事限定の御朱印など、最近の御朱印は工夫を凝らしていますので、見返すのも楽しいものです。


また、旅行先のパンフレットや案内図、素敵な箸袋、メニュー表などの旅の思い出。持ち帰ったはいいが、結局処分してしまいませんか？

処分しがちな紙類の思い出もノートに貼ることで、どんなルートで回ったかなど、旅路を振り返ることができます。

運のポイ活の記録が、家族や友人との楽しい思い出のページになりますよ。

column

はじめましては、吉方位で！ご縁がつながる

仕事関係でのミーティング、お見合い、友人からの紹介など、初めてお目にかかる人とは、あなたの吉方位のエリアでお会いすることをおすすめします。すると、初対面から良縁につながります。そのときに結果が出なくても大丈夫です。しばらくして、忘れた頃にふと再会して、意気投合したり、別の案件で仕事の依頼がきたりします。

私が予定を調整するとき、スケジュール帳を見ているようで、実は吉方位を見ています。予定を立てるとき、最初におおよその場所を決めたのなら、あとは日時を決めるだけ。

場所が分かっていれば方位が分かるので、「〇日、〇日、〇日なら終日ＯＫです」と、吉方位になる日をいくつかお知らせして調整しましょう。自ずと良いご縁がつな

がっていくので、話も進みやすいですよ。

良縁を願う出会いの場ならなおのこと、吉方位になっている日を選びましょう。

たとえば、「○○ホテルでお食事でもしながら……」なんてお誘いなら、○○ホテルが吉方位になっている日を選んでください。「○日と○日なら、都合がいいです」とお返事すれば良いのです。良縁につながる出逢いになるでしょう。もちろん、お相手に説明は不要です。

九星氣学における方位の見方

第２章では、吉方位を割り出す方法をお伝えしました。

しかし、吉方位が分かっても目的地がどの方位なのか調べるのは一苦労……。

そこで自宅から目的地の方位を知るには、アプリが便利です。検索サイトで「吉方位　アプリ」と入力して検索すると、無料で使えるアプリが出てきます。

私のおすすめは、「あちこち吉方位マップ」と「吉方位マップ」です。

九星氣学では「30度60度」で方位を見るので、方位線の種類が選べる場合は「気学30／60」や「30度60度」を選択してください。

アプリで目的地の方位を調べると、「西南西」「西北西」「東南東」「東北東」と表示されることがあります。九星氣学の方位では、東西南北は30度の範囲、西南・西北・東南・東北は60度の範囲で見るため、これらは「限りなく西に近い西南」「限りなく北に近い西南」「限りなく東に近い東南」「限りなく東に近い東北」という意味なので、西南西＝西南、西北西＝西北、東南東＝東南、東北東＝東北となります。

また、偏角を考慮できる場合は、「西偏角」を考慮してください。

これで、目的地がどの方位にあるのか、かんたんに調べることができます。

ぜひ、運のポイ活を楽しんでください！

※本書に掲載の内容は、2024年9月現在のものになります。

第3章

運のポイントをもっと貯めよう！　吉方位旅

社員食堂
♪～
ふ～
やっと昼休憩だ！
お腹すいた～
あっ
さくら先輩！お疲れ様です！
ご一緒しても良いですか？
いいよ～
みほちゃんお疲れ～
実は
先月、友達と飲みに行ったんですけど
ずっと嫌なことが続いてたらしくて
落ち込んでて
先輩に教えてもらった「運のポイ活」をおすすめしたんです
そしたら友達も意識して「吉方位」に行くようになって
なんと！
希望のプロジェクトに任命されたらしいんですよ～！
わあ！
よかったね！おめでとう～
ところで
先輩も何か良いことあったんじゃないですか？
なんか嬉しそう
えっ
分かる!?
実は
今度、加藤さんと旅行することになったの～
うふふ～
え!!
取引先の加藤さんですか？
いつの間に！
先日の接待で盛り上がって仲良くなって～
いいですねぇ！
旅行先は
ズバリ
交際運の強い『北』ですか？

正解！みほちゃんもすっかり「吉方位マスター」だね！
進展祈ってますね！
キャー
キャー
先輩嬉しそうだったな～
私も彼氏と進展したい…
そうだ！
みほ
まい～！週末どこか空いてる？急だけど旅行行かない？
え！旅行!?行きたーい！
旅行当日
急な誘いでびっくりしたよ～
えへへ
思いついたら居ても立ってもいられなくて～
今日は私がエスコートしますね
サッ
よろしくお願いします！
あ～幸せ～
なんかスッキリした！これが「吉方位」の効果か～
よかった～
スペシャルデイに遠出したから運のポイント貯まったんじゃないかな
まいの新しいプロジェクトもきっとうまくいくよ！
うん！仕事頑張れそう！

運のポイントがより貯まる吉方位旅の予定の立て方

ここからは、よりたくさんの運のポイントを貯めるための方法である「**吉方位旅**」についてお話しします。

吉方位旅は、運のポイントを貯めることはもちろん、**土地のエネルギー**を自分の心身にチャージするのが目的です。

そのため、神社仏閣などのパワースポットに行ったり、その土地のものを食べたり、温泉に入ったり――。

もしかしたら、今までの旅行とは少し毛色が違うところもあるかもしれませんが、これを機に旅の仕方を変えてみてもいいかもしれません。

吉方位旅の予定の立て方には、少しコツがありますので、1つずつご説明しましょう。

【吉方位旅の予定を立てる6ステップ】

ステップ1・自分や一緒に行く人の九星を調べる
ステップ2・吉方位をチェックして目的地を決める、または目的地が吉方位の日をチェックする
ステップ3・神社仏閣をチェックする
ステップ4・お食事処、温泉、宿泊地を決める
ステップ5・電車や飛行機などの交通手段、宿泊先やレストランを予約する
ステップ6・スキマ時間に楽しめるサブアクティビティをチェックする

＊＊＊

ステップ1　自分や一緒に行く人の九星を調べる

1人旅の場合は自分の九星を、誰かと一緒に行く場合は相手の九星も、49ページの

【九星早見表】を使って調べましょう。

ステップ2 吉方位をチェックして目的地を決める、または目的地が吉方位の日をチェックする

次に、46ページでご紹介した手順に沿って、吉方位を割り出します。吉方位を割り出せたら、目的地を決めましょう。または、目的地が吉方位の日を調べて、日程を決めましょう。

誰かと一緒に行く場合は、あなたの吉方位と相手の吉方位が重なる方位を選びましょう。

目的地を決める際は、吉方位をもとにだいたいの場所（たとえば、北海道や沖縄など）に目途をつけ、１０２ページでご紹介したアプリを使って、地域を絞り込んでいくと便利ですよ。

目的地が決まっている場合は、アプリで目的地の方位を調べておいて、目的地が吉方位になるように日程を調整しましょう。

ステップ3　神社仏閣をチェックする

吉方位に、参拝できる神社仏閣があるかチェックしましょう。あなたがビビッときた神社仏閣へ参拝してください。きっとご縁があるのでしょう。あなたを応援してくれる神社を増やしていきましょう。

ステップ4　お食事処、温泉、宿泊地を決める

地元の食材を提供するレストランや、源泉掛け流しの温泉、宿泊地などを決めましょう。

温泉に入るのも、土地のエネルギーをチャージする行動の1つです。その土地に湧いている天然温泉は、水も、地熱も、その土地のエネルギーそのもの。天然温泉にドボンと浸かるのは、全身で土地のエネルギーをチャージしている状態です。

特に、露天風呂には積極的に入ってください。すばらしい景色を楽しみながら、お湯の中に体を沈めることで、心と体の洗濯タイムになりますよ。

さらに、周辺の道の駅やサービスエリアなど、立ち寄れそうな場所をチェックするのもおすすめです。忘れないように、グーグルマップにピンを立てたり、スマホにメモしておくと便利ですよ。少し多めにメモをしておけば、臨時休業にも慌てず対応できます。

ステップ5 電車や飛行機などの交通手段、宿泊先やレストランを予約する

行き先が決まったら、交通手段を整えます。電車や飛行機を使うなら、早速予約しましょう。さらに、温泉旅館やレストランなども予約しておくと良いですよ。

吉方位の効果は、旅行の申し込みや交通手段を予約したときからはじまります。できるだけ早めに予約すると、その分、旅に出るまでの吉方位の効果も楽しめますよ！

ステップ6 スキマ時間に楽しめるサブアクティビティをチェックする

吉方位旅は、運のポイントを貯めることはもちろん、土地のエネルギーを自分の心身にチャージするのが目的です。なので、山登りや船での川下り、遊覧船で海を巡るなど、その土地ならではのアクティビティをするのがおすすめです。

他にも、陶芸体験やお煎餅作りなど、その土地の名物を体験してみるのも良いですね。地ビール工房、酒蔵、ワイナリー巡りなど、自分が楽しめそうなものからチャレンジしてください。

＊＊＊

普段の旅行では、伊勢神宮や出雲大社ほど有名ではない神社仏閣に立ち寄る方は少ないかもしれません。しかし、吉方位旅に行くのであれば、ぜひ大きくても小さくても良いので、どこかしらの神社仏閣には立ち寄るようにしてみてください。運のポイントを貯めるだけでなく、土地のエネルギーや陽の氣のエネルギー（詳しくは、122ページ）など、多くのエネルギーをチャージすることができます。

こちらでご紹介した予定の立て方を活用して、めいっぱい運のポイントを貯めましょう！

吉方位旅に行くまでに意識したい3つのこと

吉方位旅に行くことが決まったら、まずは準備。準備にも、次のように運のポイントを効果的に貯めるための裏ワザがあるんです。

1・予約するタイミング
2・一緒に行く人によって目的地を決める
3・出かける前に部屋を整える

それぞれについて、詳しくご説明しましょう。

1 予約するタイミング

＊＊＊

110ページで「できるだけ早めに予約すると、その分、旅に行くまでの吉方位の効果も楽しめます」とお伝えしたように、交通手段やホテルなどを予約するタイミングが大切です。

昨年、台湾とカナダ、エジプトへ吉方位旅に行くとき、出発日の3ヶ月前や半年前から予約しました。なぜなら、吉方位旅にまつわるものを予約した段階から、現地へ向かう日をピークにグングン吉方位の効果が現れるからです。

出発当日までに、ちょっとした良いことがポツポツ現れるので実感できるのはもちろん、出発当日は家を出て現地へ向かう新幹線や車の中で良い知らせを受け取ったり、欲しかった情報がポンッと現れたりします。私は、よく新幹線の中で仕事のオファーや嬉しい報告を受け取ったりします。本書の企画通過も、新幹線の中でした。旅行中はもちろん、良いことの連続。楽しんでいると、ますますそのエネルギーに呼応してさらに良いことが起きていくのです。

吉方位旅で一緒に台湾へ行ったAさんは、「旅行先で出会った人とも仲良くなれて、いろんなおまけやサービスを受けられるからすごい！」と喜んでいました。

滞在中に起きた良いことを書き出したら、別に1冊必要なほどです。

2 一緒に行く人によって目的地を決める

108ページで「誰かと一緒に行く場合は、あなたの吉方位と相手の吉方位が重なる方位を選びましょう」とお伝えしました。

ただ誰かと一緒に吉方位旅へ行こうとしたら、吉方位が一致しない場合がありま す。吉方位は常に変化しているので、一緒に行きたい目的地が、みんなにとって同時に吉方位にはならないのです。そんなときの考え方をご紹介します。

①友人と吉方位旅へ行く場合

友人との吉方位旅なら、順番制にしましょう。今回は友人の吉方位、次回は私の吉方位のように、順番を回すと良いですね。

ただし、なるべく一緒に行く人が凶方位にならない日を選ぶように気をつけましょう。

②家族で吉方位旅へ行く場合

家族で吉方位へ行く場合は、**強い願い事があるか、ないか**です。

「受験に合格したい」「試合に勝ちたい」など、家族の誰かの運氣を上げたい場合は、強い願い事がある人に合わせて、吉方位旅の場所と日程を考えましょう。

願い事の内容によって、**吉方位の方位**を意識することも大切です。

反対に、特に強い願い事がない場合は、家庭のパワーバランスを見て、家庭を引っ張っている中心人物（夫、自分、母親、父親、祖父母など）の吉方位に日程を合わせて予定を立てると良い

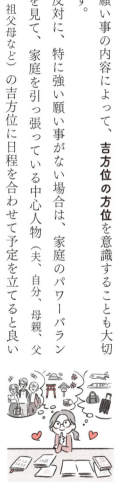

でしょう。
中心人物の運氣が上がれば、少し時間をおいて家族全体にその運氣が波及していきます。ですから、中心人物の運氣を上げることを優先すると良いですよ。

3 出かける前に部屋を整える

吉方位旅へ行く前に、お家を整えておきましょう。吉方位旅の目的地でチャージした良い氣や土地のエネルギー（まとめてエネルギーとします）を自宅に持ち帰って、定着させるスペースを作るのです。せっせとエネルギーを持ち帰って定着したら、ご自宅そのものがパワースポットになっていきますよ。日々の生活スペースがパワースポットになったら、最高ですよね！

お家を整えるときには、順番があります。
まずは、**玄関**です。
持ち帰ったエネルギーが玄関に入るとき、玄関がゴチャついて汚れていたら、入りたくなります。もし、あなたが幸運の神様だったら、綺麗な玄関と汚い玄関、どちらに入りたいですか？

私が幸運の神様なら、綺麗な玄関に入りたいです。ドアが汚れていたり、靴がゴチャついている汚い玄関には寄りたくないですよね。

玄関は、**幸運の入り口**です。玄関を掃き清め、靴を片づけ、靴箱や棚のホコリを払いましょう。仕上げに観葉植物や生花を飾ったら最高です。ただ、夏場は生花が枯れやすいので、枯れにくくしたり、出かけるまで飾るなど、工夫が必要です。

次は、**リビングルーム**です。

ソファーの上に洗濯物があれば片づけて、すぐに座れるようにしておきましょう。「疲れた〜やっぱり我が家がいちばん！」なんて言っても、座るところがなければ寛《くつろ》げないですよね。

さらに、買ってきたお土産を広げられるように、テーブルの上もスッキリとさせておきましょう。お茶の準備ができていたら最高です。お茶を飲みながらお土産を食べたりして、楽しかった旅を味わう時間を作ってください。

最後は、**寝室**です。

寝室は、チャージしてきたエネルギーを寝ているあいだに自分の体に定着させるための大事な場所です。睡眠の質を上げるためにも、綺麗に掃除しておきましょう。そして、子の刻にはスーッと眠りにつくことができるように、ベッドメイキングをしてから出発しましょう。吉方位旅を、とても氣分良く締めくくることができます。

もし、あなたが1人暮らしのワンルームにお住まいなら、玄関、寛ぎスペース、ベッドを綺麗に整えましょう。

お家風水では、すべての部屋の整理整頓が大事なのですが、吉方位に特化して考えると、まずはこの3ヶ所を整えておけば大丈夫です。

column

パートナーが吉方位に否定的だったら黙って連れて行けば良い！

よくこんな質問をいただきます。

「パートナーが、吉方位に否定的で、一緒に行こうと言っても全然乗ってくれません」

「パートナーの運氣を上げたいのに、うまく吉方位旅に連れて行くことができません。どうしたら良いですか？」

私の答えは、**黙って連れて行けば良い！**

「目に見えないものは信じない」

「非科学的なことは信じない」

とおっしゃる方は一定数います。そんな方々に、正直に話す必要はありません。

だって、パートナーとデートしたり、旅行したりするときに吉方位を選んでいるだけだから、なんら問題はありません。

パートナーの吉方位をこっそり調べて、パートナーの自宅からどの方位においしいレストランや観光スポットがあるかを探しておき、吉方位の日に

「○○においしいお蕎麦屋さんがあるから、今度のお休みに行かない？」

「○○にレストランがオープンしたんだって。カレーが人氣みたいだから食べに行こうよ」

と誘えば良いのです。

道の駅や川下り、ロープウェイで山登りなど、調べるとパートナーの好きそうな場所が何かしらあるはずです。

さらに、吉方位に懐疑的な方は、神社仏閣への参拝にもあまり乗り気でない場合があります。

神社仏閣に参拝したいときは、

「この辺りの○○神社って、すっごくご利益があるんだって。イヤだったら車で待っててていいから神社まで付き合ってくれないかな？」

などと誘いましょう。目に見えないもの、非科学的なものを信じない方でも、お墓参りはするでしょうし、初詣で参拝に行けば1年が良い年であるようにと手を合わせ

るでしょう。

「すっごいご利益があるんだって」と言われれば、「じゃあ行ってくれば？」くらいには、譲歩してくれるかもしれません。

大切なのは、あなたが楽しめるスケジュールにすること。自分だけでも楽しいと思える場所や食事を考えることで、あなたの運のポイントを貯めることはもちろん、ついてきただけだとしてもパートナーも楽しむことができます。

吉方位で良いこと体験をしはじめると、パートナーも楽しくなってきて、あなたの誘いに気軽に乗ってくるようになります。その頃には、「実は吉方位へ行っているの」と伝えても、嫌悪感を抱いたりはしないでしょう。むしろ積極的に吉方位へ行こうと、パートナーから言ってくるようになります。

もしパートナーが、目に見えないもの、非科学的なものを信じない方なら、ぜひ試してください。

吉方位当日に意識するタイムスケジュール

さて、吉方位へ行く当日（一部、前日）にも、運のポイントを貯めるための裏ワザがありますので、ご紹介しましょう。

110ページでお話しした予約するタイミングが大切なように、吉方位に行く前日と当日の**時間帯も重要**になります。

なぜなら、エネルギー（氣）は常に変化しているから。九星氣学のもととなっている陰陽五行では、すべての万物には「**陰**」と「**陽**」があります。陰陽師関係のマンガやアニメ、ドラマなどに出てくる「陰陽太極図」（図3）のように、陰と陽は互いに関係しあっているのです。

図3：陰陽太極図

この陰と陽の氣には「**静**」と「**動**」という考えがあり、それぞれ次のようなイメージがあります。

陰の氣は「静」で、寒い・暗い・冷たいイメージ。

陽の氣は「動」で、熱い・明るい・温かいイメージ。

この陰の氣と陽の氣は、1日の中でも変化しており、陽の氣が出ている時間帯には活発的に「動」き、陰の氣が出ている時間帯には「静」かに過ごして体を休めることが推奨されています。

陰陽は表裏一体なので、善悪があるわけではないのですが、陽の氣が十分にあるとあなたの行動を後押ししてくれるので、吉方位旅では陽の氣を心身にチャージしたいところです。ただし、陽の氣が多すぎるとイライラしたり、ケンカっぱやくなるので、陰の氣とのバランスが大切です。

また九星氣学では、九星と干支と陰陽五行を使っています。特に、干支（中でも十二支）は、時間や方位を表します。

そのため、吉方位へ行くときにカギになるのは、**十二支で表した時間**（十二《じゅうに》時辰《じしん》）

です。1日の時間は、次のように2時間ずつで各干支に分けられ、それぞれが陰と陽の氣に当てはまります。

十二時辰と氣の変化

子	丑	寅	卯	辰	巳	午	未	申	酉	戌	亥
23時～1時 陰の氣が極まる時間帯	1時～3時 陰の氣の時間帯	3時～5時 陰の氣の時間帯	5時～7時 陽の氣が優勢になる時間帯	7時～9時 陽の氣の時間帯	9時～11時 陽の氣の時間帯	11時～13時 陽の氣が極まる時間帯	13時～15時 陽の氣の時間帯	15時～17時 陽の氣の時間帯	17時～19時 陰の氣が優勢になる時間帯	19時～21時 陰の氣の時間帯	21時～23時 陰の氣の時間帯

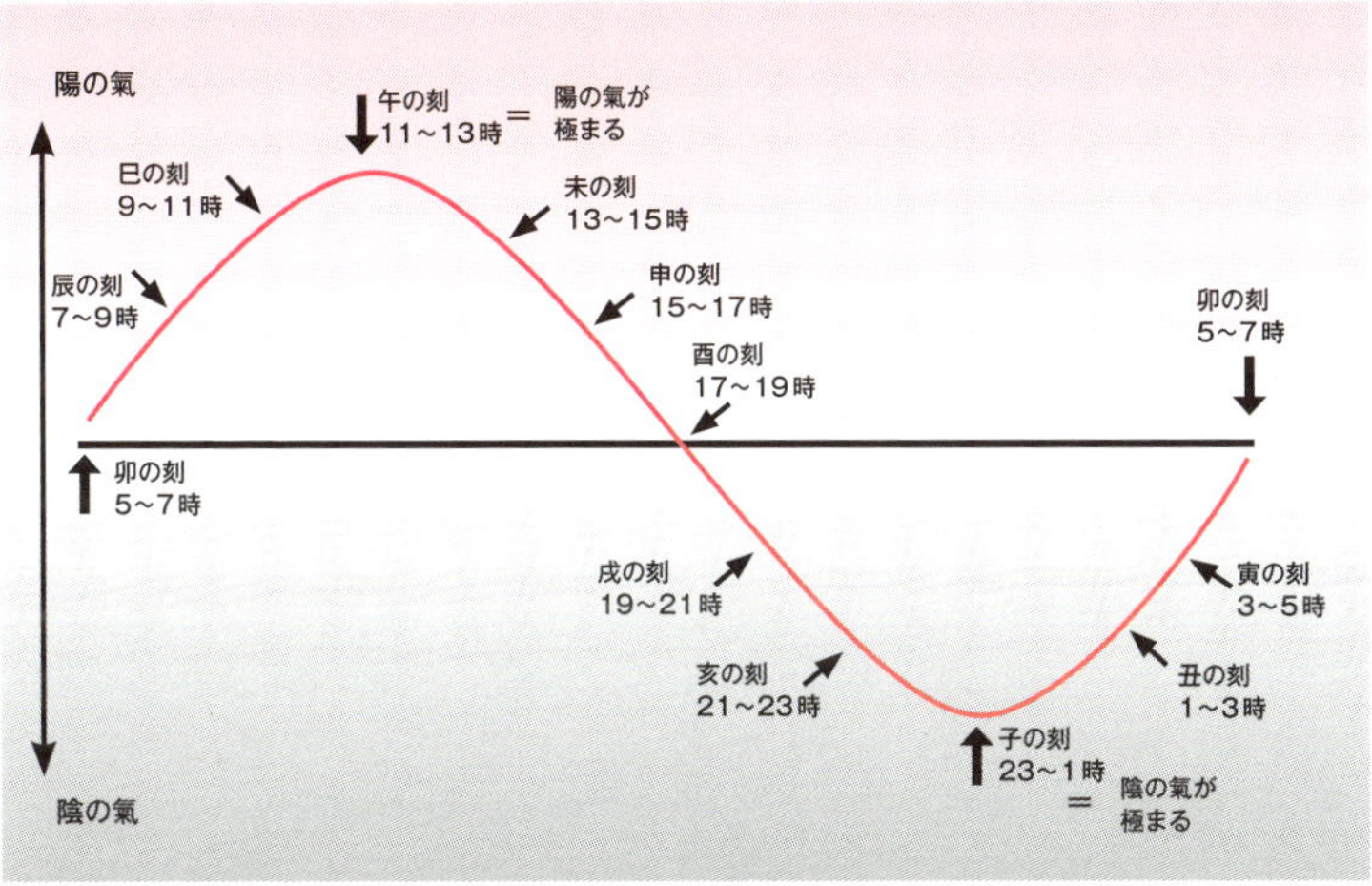

図4：1日における氣の変化

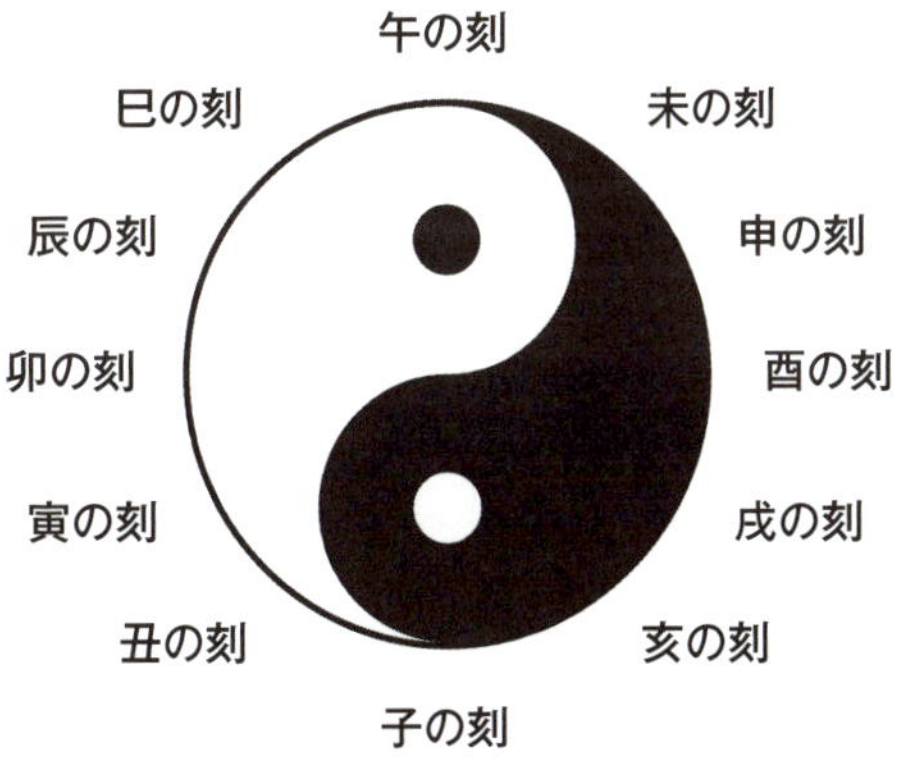

図5：陰陽太極図で見る十二時辰と氣の関係

この時間をもとに、吉方位旅に行くまでに意識したいことをお話ししましょう。
意識したいことは、次の6つです。

【吉方位旅の当日に意識したい6つのこと】

1・前日の子の刻（23時〜1時）に寝る
2・卯の刻（5時〜7時）に起きる
3・辰の刻（7時〜9時）に出発する
4・未の刻（13時〜15時）までに目的地に到着する
5・申の刻（15時〜17時）に宿に入る／帰路につく
6・子の刻（23時〜1時）に寝る

それぞれについて、詳しくお話ししましょう。

＊＊＊

1 前日の子の刻（23時～1時）に寝る

「子」という漢字は、はじまりを表す「一」と終了を表す「了」からできています。

つまり、**子の刻（23時～1時）**には、はじまりと終わりが同時に存在しているのです。

さらに、「子の刻」は「寝の刻」でもあります。1日は「子の刻」に終わりつつ、次の日がすでにはじまっています。「寝の刻」に寝ることで、しっかりと体を休め、たっぷりと睡眠を取り、翌朝元氣に目覚めることができるのです。

しっかり睡眠を取って太陽の上昇とともに目覚め、朝ごはんを食べて、元氣な自分で出かける吉方位旅と、寝不足で目が開かないような状態で、朝食もそこそこに慌てて出発する吉方位旅では、そのあとの行動の違いが想像できますよね。

2 卯の刻（5時〜7時）に起きる

吉方位旅へ出発する日は、**卯の刻（5時〜7時）**に起きましょう。

生あるものが、明るくなった空の下で目覚め、動きはじめるタイミング。それが、卯の刻なのです。

「卯」という漢字は、扉が左右に開いている状態を表し、すべてのものがその門から飛び出すと言われています。季節でたとえると、冬の門が開いて春へと生が飛び出していくという意味です。これを1日で考えると、「さぁ1日をはじめるよ〜」という合図とともに朝の門が開いて、すべての生がそこから飛び出していく、そんな勢いのある時間帯です。

あなたの1日を卯の刻というはじまりのエネルギーに後押しされて、氣分良くスタートする。ここからすでに最高の1日がはじまっていますよ。

3 辰の刻（7時〜9時）に出発する

卯の刻（5時〜7時）に起床し、朝ごはんを食べ、身支度を整えたら、**辰の刻（7時〜9時）**に出発しましょう！

「辰」という漢字は、ハマグリなどの2枚貝から足が出て、歩き出す状態を表しており、すべての生が動き出す時刻という意味があります。

辰は、龍のことです。龍は十二支の中で、唯一架空の生き物であり、そんな龍が当てはめられている時間帯には、まるで登り龍がグングン上昇するような強いエネルギーで満ちあふれています。

さらに、辰は「人生が順調に進み、幸せに恵まれる」という運氣を持っています。

そんな強いエネルギーに、「いってらっしゃい」と背中を押されて出発できるのです。

運の上昇気流に乗って、1日が氣分良く回り出します！

4 未の刻（13時～15時）までに目的地に到着する

辰の刻（7時～9時）に出発したら、できるだけ運の上昇気流に乗っているあいだ、遅くても**未の刻（13時～15時）**までには目的地に到着しましょう。

中でも、パワースポットである神社仏閣の午前中の氣は、それはそれは素晴らしいもの――。エネルギーが地面から湧いてきて、空へと舞い上がる。そんなエネルギーの逆シャワーを浴びるようなものです。ぜひ、午前中の神社仏閣を体感してください。清々さを感じるでしょう。

さらに、あなたの行動を後押ししてくれる**陽の氣が旺盛なうちに行動する**ことがとても大事です。陽の氣が旺盛なあいだは、あなたの追い風になってくれるので、物事がスムーズに進みやすいのです。

逆に、**未の刻（13時～15時）**から、だんだん陰の氣が増えてきます（図4、図5）。夕方以降に目的地に到着する場合は、宿に直行してゆっくりと英気を養い、翌日の午前中から活動するのがおすすめです。

5 申の刻（15時～17時）に宿に入る／帰路につく

午前中に目的地で、ゆったり、まったりと過ごしたら、おいしいランチを食べに行きましょう。その土地で採れた新鮮なものを、食を通して体に取り入れることで、土地のエネルギーを体にチャージすることができます。そのあとは、お土産を物色したりして楽しんでください。

申の刻（**15時～17時**）には宿にチェックインして、温泉に入ってのんびりしましょう。日帰り旅行の場合は、陰の氣が優勢になる**申の刻**（**15時～17時**）には帰路につきましょう。お家に到着したら、早速お土産を広げたり、撮った写真を眺めたりして過ごすと良いですね。

6 子の刻（23時～1時）に寝る

チャージしたエネルギーを自分に定着させるためにも、吉方位旅では夜更かし卒業です。

せっかくの楽しいひと時、眠ってしまうのが惜しいような気持ちにもなりますが、旅の終わりも**子の刻**（**23時～1時**）には就寝しましょう。チャージしたエネルギーをしっかり定着させるには、睡眠がとても大切なのです。

吉方位旅を楽しむための第一歩は、**早寝早起き**と覚えておいてくださいね。

＊＊＊

せっかくの吉方位旅、運のポイントを貯め損ねたり、陽の氣や土地のエネルギーをチャージし損ねたりしないように、時間を意識して行動するようにしましょう。

気をつけて！ 吉方位旅では、出発日が大事

吉方位旅を楽しみはじめた方が、やってしまう「あるある」があります。それは、**吉方位の日に出発できない**ということです。この状況に陥ってしまう原因は、大きく2つに分けられます。

1つめは、駅や空港まで距離がある方々が陥りやすい現象です。

たとえば、運のポイントが4倍になるスペシャルデイや100倍になるスーパースペシャルデイに海外旅行を計画します。「どこに行こうかな」「スペシャルデイに行ける渡航先はどこかな」と目的地に目星をつけ、成田空港から出発する飛行機を予約して意気揚々。そのあと、自宅から成田空港への交通手段を考えます。そこで気がつきました。「どう頑張っても、飛行機に乗る当日に家を出たら、間に合わない」という

ことに……。

こういう場合、対策として考えられるのは、前日までに成田空港の周りにあるホテルに宿泊する「前のり」。ところが、吉方位旅では、これはＮＧです！

吉方位旅では、**吉方位の当日に自宅を出発する**ことが大事。それでこそ、吉方位の効果が出て、運のポイントが貯まるのです。もちろん、前のりを見越して、吉方位の当日に前のりして、翌日、飛行機に乗るなら問題ありません。

新幹線や飛行機を予約する前に、空港や駅まで行くのにかかる時間をあらかじめ調べておきましょう。

２つめは、連休や週末の土日を絡めて、なるべく長く旅行したい人が陥りやすい現象です。

たとえば、日曜日がスペシャルデイ。土曜日が休みなら、土曜日から出かけて１泊２日の旅行ができますし、金曜日と月曜日に有給休暇を取得すれば、３泊４日でアジア圏なら行けそうです。

でも、ちょっと待ってください！

これでは、出発日が金曜日になり、スペシャルデイ当日の日曜日からかなり離れてしまいます。

吉方位の当日に家を出ることが、運のポイントを貯めるキモ。これでは、ただの旅行になってしまいます。

日曜日がスペシャルデイなら、日曜日に出発する日帰り旅行か月曜日以降で有給休暇を取得して1泊2日などの旅行にしましょう。

ただ、間違えたからといってダメなわけではありません。運のポイントが貯まらないだけなので、ものすごくショックを受ける必要もありません。せっかく予約したのなら、その旅行はその旅行で楽しみ、また次の吉方位の日にリベンジしましょう。

吉方位旅は自宅を出発する当日の方位が、ものをいう。

これだけは、忘れないでくださいね。

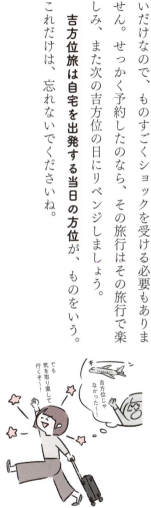

早めに帰宅が吉——最終日まで欲張るのは卒業

131ページで、「申の刻（15時～17時）に宿に入る／帰路につく」とお話ししましたね。「せっかく来たのだから……」と思って、たくさん見たり、聞いたり、味わったりしたい！　そう思う方も多いのではないでしょうか。

私は、すぐに「せっかく精神」が湧いて、「せっかくだから、ここにも寄ろう」「せっかくだから、これも食べたい」「せっかくだから……」と、最終日ギリギリまでスケジュールを詰め詰めにしてしまいがち。夜遅くに帰宅するのが、デフォルトでした。

でも、吉方位旅では、最終日まで欲張るのは卒業です。

陰の氣が優勢になる酉の刻（17時～19時）の前、つまり申の刻（15時～17時）のあいだには、宿やご自宅に到着していただきたいです。持ち帰った陽の氣や土地のエネルギーを自分や家に定着させるためにも、早めの帰宅がおすすめです。

現地での最後のお楽しみは、ランチやお土産探し、お茶など、余裕をもって旅を味わいましょう。

中でもおすすめは、その土地の名物のお弁当を買って帰り、その日の夕食にすること。その土地の名物がたくさん入っているお弁当なら、夕食のときもまだ土地のエネルギーのチャージが続いています。撮った写真を眺めながら楽しく旅を振り返ったり、お土産を広げて旅の話をするのも良いですね。

ちなみに、お土産は早く配ってしまいましょう。新鮮な土地のエネルギーをさっさと渡しちゃうことで、渡した人にもたくさん土地のエネルギーを分けてあげることができます。

逆になかなか渡せないでいると、「お土産を渡さなきゃ」ということが頭の隅に常にある状態になります。そういった小さな気がかりがあると、あなたからエネルギーが放出され、あなたのエネルギーがどんどん下がってしまいます。

お土産は早く配ることに越したことはないのです。

お土産に迷ったら、道の駅、ご当地スーパーに行こう

お土産に困ったときは、道の駅や露天の無人販売、ご当地スーパーがおすすめです。特にご当地スーパーは、ご当地お土産のワンダーランド。全国展開しているスーパーではなく、はじめて聞く名前のスーパーや地元ならではのスーパーが狙い目です。入り口から野菜コーナーや魚コーナー、パンコーナーなど、順番にゆっくり回りましょう。

このとき、気にしてほしいことは「**生産場所**」と「**生産者**」です。できるだけ多くの土地のエネルギーをチャージするために、その土地で作られたものや仕入れたものがおすすめです。

新鮮野菜は、現地の農家さんが卸《おろ》していることが多いので、表示シールをチェックしてください。「地元農家の森さんが、○月○日の○時に収穫したものです」と書い

ている場合もあります。

また、野菜売り場の近くにあるお漬物コーナー。現地で採れた野菜を地元のお婆ちゃんが漬けたお漬物は、最高です。

日配コーナーには、地元の製造会社から仕入れている納豆、ヨーグルト、牛乳など、地元で採れたものを地元の人々が加工したものが並んでいます。もし荷物の重さが気にならなければ、ヨーグルトや牛乳もおすすめです。

パンコーナーではよく、カンパーニュやフランスパンといった硬いパンや食パンを持ち帰り用に、お惣菜パンは車中で食べるおやつ用に購入しています。特に小麦の産地なら、地元で採れた小麦粉や地元の水を使って作っているので最高ですよ。

スイーツコーナーも、チェックすべきポイントです。地元のお菓子屋さんが作ったお饅頭やお団子、ロールケーキなどが置いてあります。

地元スーパーの店内を一周したら、吉方位的お土産は完璧ですね。

column

吉方位先で思いっきり楽しむことが、予祝になる

本来、私たちには夢を叶える力があって、やりたいことができて、幸せに向かって生きている。これが宇宙の法則の大前提です。

ですが、あなたが成長する過程でかかわってきた親や先生などの周りの大人たち、受けた教育や友人関係など、さまざまな人とのかかわりの中で体験したショッキングな出来事、何気ない一言、あなたの自信を落としてしまうような出来事など、たくさんあったでしょう。それらが足かせとなって、なかなか一歩踏み出す勇氣が出ないこともありますよね。

そんなときこそ、吉方位へ行ってみてほしいのです。

吉方位に行って、あなたが氣分の良くなるパワースポットで深呼吸して、その土地で採れたおいしいもの食べて、温泉に入ったら、きっと楽しいですよね。楽しくなっ

たら氣分が良いので、エネルギーが上がります。運のポイントが貯まり、あなたの氣分も上がるのです。「あ～楽しかった！」という時間を、あなたの1日の中で少しでも多く過ごしてください。

日本古来の行事で「予祝《よしゅく》」というものがあります。神社の春のお祭り、春の例大祭の内容は、1年の農作業の無事と秋の豊作を祈って、前もってお祝いしちゃうというもの。いわゆる**前祝い**です。

これから種を蒔《ま》こうというときに、「今年は豊作で最高だね～」と、祝杯をあげる。まるで豊作だったかのように祈るのです。

これは、宇宙の法則の引き寄せを大切な行事として取り入れてきているということ。遥《はる》か昔から前祝いの大切さを、ご先祖様は知っていたのですね。

予祝の大切さは、すでに豊作だったものとして本気で祝うこと。本気で「やった～」「おめでと～」と言えるくらい叶った体《てい》で願うことが大切なのです。

人生の目的は喜びです。喜びに向かって願いを放ったことで喜び、喜びに向かって行動している最中に喜ぶ。吉方位先で、楽しんで、笑って、喜ぶことが、最高の予祝にもなっているのです。なので、吉方位では、思いっきり楽しんでください。

楽しんだ先に、運のポイントが貯まって、あなたのエネルギーが上がり、生命力が上がる。そして

「私は吉方位に行っているから、大丈夫！」

「運のポイント、結構貯まっているから大丈夫だよね！」

と、こんなふうにあなたが、自分に対して少しでも自信を持てたら、嬉しいです。

吉方位が、あなたの一歩踏み出す勇氣につながりますように。

第4章

神社仏閣でちゃっかり最強、運のポイ活

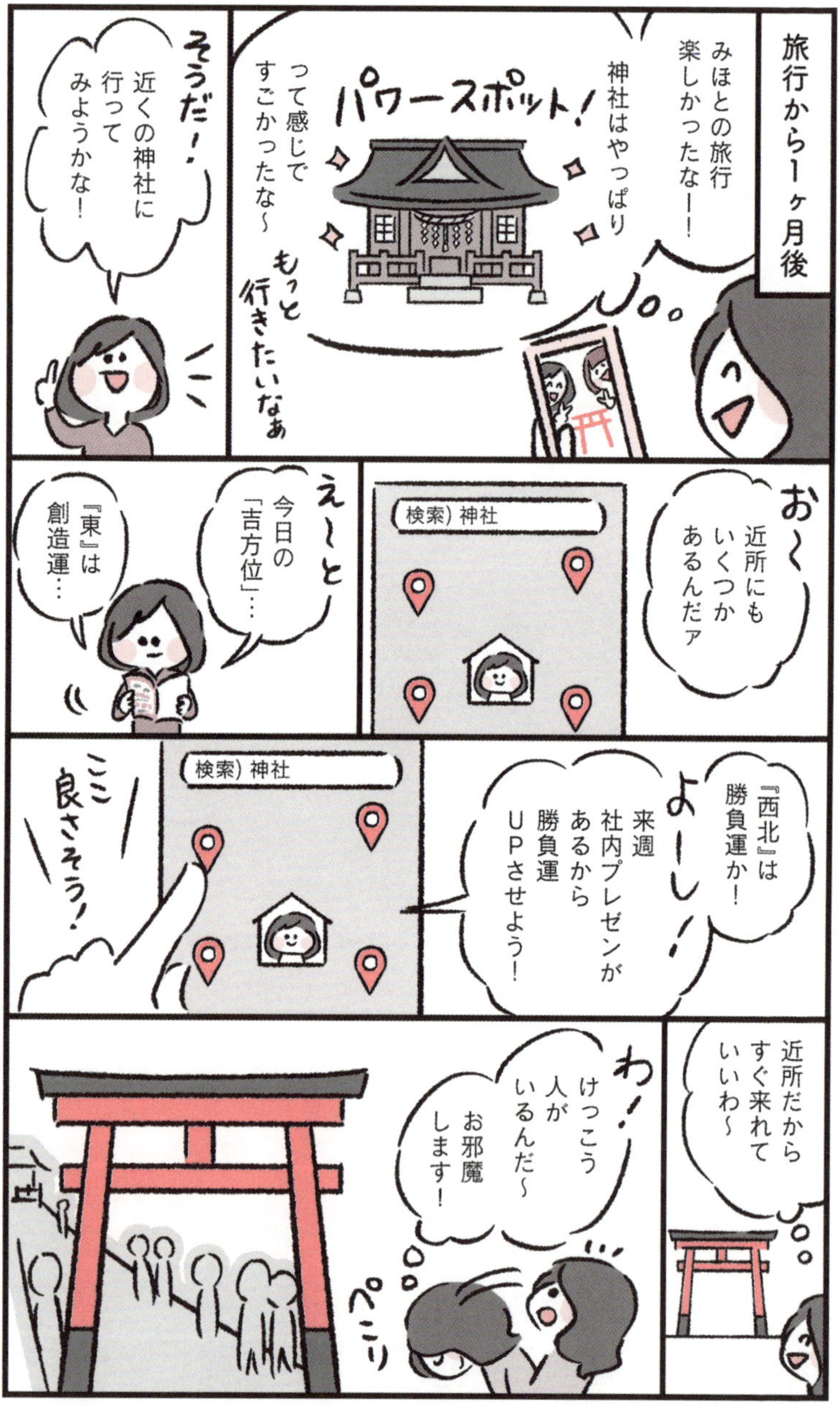
旅行から1ヶ月後
みほとの旅行楽しかったなー!
神社はやっぱりパワースポット!って感じですごかったな~
もっと行きたいなぁ
そうだ!近くの神社に行ってみようかな!
お~近所にもいくつかあるんだァ
検索) 神社
え~と今日の「吉方位」…
『東』は創造運…
『西北』は勝負運か!
よーし!来週社内プレゼンがあるから勝負運UPさせよう!
検索) 神社
ここ良さそう!
近所だからすぐ来れていいわ~
わ!けっこう人がいるんだ~
お邪魔します!
ぺこり

手と口を清めて…
お賽銭を入れて…
自己紹介してお願い事伝えて
お礼を伝えて…
絵馬って書いたことないけど今日は書いてみよう！
プレゼンがうまくいきましたありがとうございます
○年○月○日
まい
あっ
おみくじだ！
ひいてみよっと
おみくじ
凶
ガーン！
凶だ!!
で、でも結果じゃなくて内容を見るんだよね
しっかり準備すれば大丈夫
よし！
気を抜かず準備して臨むぞ〜！
は〜
良い感じにリフレッシュできたし来てよかったな〜
運のポイントもたくさん貯まったはず！
ありがとうございました！お邪魔しました！
よしっ
プレゼン頑張るぞーー！

パワースポットに困ったら神社仏閣に行っておけば、ほぼ間違いない

パワースポットとしておすすめなのは、神社仏閣です。吉方位の中でも、特にエネルギーの高いパワースポットです。

理由は、村の成り立ちに関係しています。ざっくりお話すると、各集落の中でも、いちばん氣の巡りの良い小高い場所にお社《やしろ》をつくり、お社の周辺に人々が家を建てて村ができたからです。村単位で、地元の氏神様をお祀《まつ》りして、神社周辺の住民はその自然環境を生かした農耕や生活を営んでいました。

なので、今でも神社の周りには山や川、森などの神秘的な場所が多く、パワースポットと言えるのです（村の再開発で移築、信仰からの神社建立はその限りではありません）。

神社の参道、お社の前など、風がフワ〜っと気持ち良く通り抜ける場所がありま す。ぜひ、体感してみてください。

さて、せっかく神社仏閣を訪れたら、運のポイントをザクザクと貯めて、良いエネルギーを心身にチャージしましょう！

人によって、神社参拝の作法や境内での過ごし方はさまざまですが、次の8つを意識するとパワースポットの力を十二分にゲットできますよ。

【神社参拝の作法・境内での過ごし方】

1・鳥居をくぐる前に一礼する
2・参拝前に手水舎《ちょうずや》で身を清める
3・願いを叶えるための参拝方法
4・おみくじで見るべきは、結果ではなく、内容
5・絵馬は、叶ったこととして書く
6・お守りの数に限りはない
7・お守りやおみくじは、お財布の中に入れない
8・できるだけ長く敷地内に滞在する

それでは、詳しくお話ししていきましょう。

＊＊＊

1 鳥居をくぐる前に一礼する

神社なら鳥居、仏閣なら門があります。電車やバスで行くと鳥居や門から入るでしょう。しかし、車で行くと、神社に併設されている駐車場に車を停めて、駐車場から、スッと参道に入っちゃうこともあります。

ぜひ一度、駐車場から神社の外まで出て、鳥居や門から参道に入ってください。神社仏閣の周りには結界が張ってありますので、鳥居や門などの入り口から入ったほうが良いのです。

そして、鳥居や門をくぐるときには、一礼してください。よそのお宅に招かれたときに玄関で「お邪魔します」とご挨拶するように、鳥居や門をくぐるときには一礼が挨拶になるのです。

来たときに挨拶するということは、帰るときも同じです。

「お邪魔しました〜」と言うかわりに、鳥居や門をくぐって外へ出たら、神社や仏閣を振り返り、一礼してください。

一礼ではじまり、一礼で締めるのです。

2 参拝前に手水舎で身を清める

昔は、神社への参拝は全身を清めるところからスタートしました。滝に打たれたり、川に入って全身を清めて穢《けが》れを落とします（伊勢神宮の五十鈴川《いすずがわ》も、清めるための川だったそうですね）。

ところが、現代は手水舎という全身を清められる場所があり、簡素化されています。

手水舎には、作法があります。

手水舎には水が流れており、神社によっては湧き水を利用しているところもあります。水を柄杓《ひしゃく》に多めに、なみなみと汲み、最初に汲んだ一杯の柄杓の水ですべて終わらせます。何度も汲んだりしません。

そして、次の5つの手順で行います。

【手水舎の作法】

①左手に水をかける
②柄杓を左手に持ち替えて、右手に水をかける
③柄杓を右手に持ち替えて、左手をお皿のかたちにして水を入れる。その水で口（唇）を湿らせる
④両手で柄杓を持ち、自分のほうへ柄杓の頭を上げる。ゆっくりと、水を柄杓の柄の部分へ流し清める（自分が手で掴んだところを柄杓の水で清め、次の人へ渡すという意味があります）
⑤柄杓を下側にして手水舎に戻す

これが、手水舎でのお作法です。
さらに昨今は、コロナ禍を経て手水舎に変化も見られます。柄杓がなく、水が何ヶ

所かに分けて出てくるようになっています。その場合は、同じように手を清めてから、手で水をすくって口を清めてください。

ところで、たまにうがいをしている方がいますが、やめてくださいね。マイナス10ポイントですよ。

3 願いを叶えるための参拝方法

さぁいよいよ参拝です。まずは、お賽銭《さいせん》を入れましょう。なぜか、賽銭箱に投げつける人が、たまにいるのですがマイナス10ポイントです。ゆっくり入れましょう。

お賽銭を入れたら、軽く一礼して、ゆっくり賽銭箱から手を離します。お賽銭の金額は、お気持ちとされており、五円（ご縁がつながるように）が一般的です。私は、いつも115円と決めています。「いいご縁」だからです。

賽銭箱から離れると、真上に大きな鈴がぶら下がっています。この大きな鈴についている鈴緒《すずお》を揺らして鈴の音を響かせてください。鈴の音は、邪氣を払い、その場の氣を浄化してくれます。

そして「私が鳴らしてま～す」と、これから参拝する自分を神様にアピールしてください。2～3回鳴らせば充分です。

さぁ姿勢を正して、二礼二拍手。そのまま胸の前で手を合わせて、あなたの思いの丈を神様に聞いてもらいましょう。

ところで、いきなり願い事を言い出していませんか？

神様的には、「名を名乗れ！　お前は誰じゃ？」という感じです。あなたのことが誰か分からなければ、叶えてもらえるものも叶えてもらえません。まずは、あなたの住所と氏名の順で神様に自己紹介をしてください。「宮城県仙台市○○区……の森レナです」というふうに。海外旅行では、「日本」をつけ加えることを忘れずに。

もちろん、自己紹介は心の中でしましょう。口に出してしまうと、神様だけでなく周りの人にまで自己紹介しちゃうので、気をつけてください。

あなたが誰かを伝えたら、次に感謝を表明します。

いつも参拝している神社なら、「いつもお導き、お守りいただき感謝いたします」。

初めて訪れた神社なら「ご縁をつないでくださり感謝いたします」と伝えると良いでしょう。感謝の表明はなんだってＯＫです。あなたが感謝していることを神様に伝えれば良いのです。

いよいよ本題、願い事をどうぞ！

「合格しますように」
「結婚できますように」
「お給料上がりますように」

など、こんな願い方していないですか？

悪くはないですが、もっと叶いやすい願い方のコツがあります。それは、**宣言＋お願い**です。

たとえば、「合格しますように」は、「私は○○に合格したくて、今勉強を頑張っています。絶対に合格を目指して頑張りますので、お力添えください」というふうに、具体的に伝えるのです。

あなたが神様なら、力添えしてあげたくなりませんか？

あなたの願いが届くように、こんなふうに願いを宣言してからお願いしてみてください。

そして締めの挨拶も忘れずに。

願い事だけ言って、サッと挨拶もなく帰っちゃうなんて、神様はがっかりしちゃいます。

締めの挨拶は、「〇〇神社のますますの繁栄をお祈り申しております」と、相手の最高の幸せを願ってください。そして、一礼をします。

初めて仕事で訪れる場所には、少し早めに到着して最寄りの神社へ参拝してご挨拶するようにしています。すると、その土地に受け入れられているおかげでしょうか、仕事がうまくいくようになりました。

私は参拝のたびに、自分の住所と氏名から締めの挨拶まで全部言っています。なので、きっと周りの参拝客には「願い事が多い強欲な人」に見られているかもしれません。この参拝方法をはじめた当初は、周りの参拝客の目が気になって仕方ありませんでした。誰もいなくなるのを待ってから参拝したりもしていました。

でも、吉方位に行って、この参拝方法をしてから、どんどん願い事が叶うので、周りの人の目なんて気にならなくなります。

ぜひ、試してください。願いが叶いやすくなりますよ。

私は○○県○○市の
まいと申します
新規プロジェクトを
成功させたくて
頑張っています
お力添えくださいますよう
お願い申し上げます
○○神社の
ますますの繁栄を
お祈り申しております

4 おみくじで見るべきは、結果ではなく、内容

おみくじを引いたときに、凶が出たら、あなたはどうしますか？
・大吉が出るまで何回も引く
・凶が出なくなるまでに引き続ける
・自分の欲しい答えが出るまで引き続ける
なんてこと、していませんか？

実は、昔の私がそうでした。いえ、そもそも凶が出るのが怖くて、おみくじを引くことさえできませんでした。

凶を引いてしまったら、「お前は悪い」と言われているような自分の今を否定されているような感覚に陥ったり、「これからあなたに悪いことが起きるよ！」と言われているように感じ、おみくじを引くこと自体が怖かったのです。

ですが、吉凶は、あなたのエネルギーのバイオリズムを表しているにすぎません。

そして、たとえエネルギーが低迷していても、底に着いたらあとは上がるだけ！

おみくじで大事なのは、**吉凶の結果ではなく、その中に書かれているあなたへのメッセージ**です。

「うわ！　凶だー」と嘆《なげ》いておわりではなく、おみくじの内容を読んでみてください。意外と優しいことが書いてあります。

たとえば、「明けない夜はない」「春はそこまで来ている」「もう少し歩みを進めてごらんなさい」など、励ましてくれるメッセージが多いのです。

反対に、大吉のおみくじには、「勝って兜《かぶと》の緒《お》を締めよ」「気持ちを引き締めて」など、手厳しいことが書いてあります。エネルギーが高いときだからこそ、「調子に乗って傲慢《ごうまん》になるなよ！」というメッセージが多いのです。

人生山あり谷あり。

おみくじは、今のあなたの現在地を知るためのメッセージだと思うと、凶を引いても怖くなくなりますよ。

5 絵馬は、叶ったこととして書く

あなたは、どんなときに絵馬を書きますか？

合格祈願？

結婚祈願？

安産祈願？

絵馬というと、なんだか一世一代の大仕事の前に書くものというイメージがありませんか？

私もそう思っていました。なので、神社に足繁く通う以前は、絵馬を1〜2回しか書いたことがなかったです。それに、はっきり覚えているのは、高校受験のときに書いた合格祈願の絵馬だけ……。

神社へ参拝に訪れたなら、近くの神社でも、遠くの神社でも、叶えたいことがあるのなら、じゃんじゃん絵馬を書きましょう。そのときのあなたの望みを書けば良いだけです。

もしかしたら、「えー、書くほどの望みじゃない！」と思っていませんか？

私も以前は、絵馬を書く人は藁《わら》をもすがる強い思いで書くものだと思っていました。そもそも何が望みなのかもよく分かっていませんでしたし、絵馬に書くほど切実なものではないからと書いたことがありませんでした。

吉方位旅ではじめて書いた絵馬は、そのとき思いついた「自分と家族の健康と笑顔」です。

参拝のたびに絵馬を書くようになり、そのうち絵馬に慣れてきて、どんどん欲望に忠実に書いていくようになっていきました（今は、強欲なほどです）。

絵馬を書くときの注意点は、**すでに叶ったものとして書く**こと。

奉納してある絵馬を見ると、多くは

「〇〇高校に合格しますように」

「今年こそ結婚できますように」

などと書かれています。

これらを叶ったものとして書くなら、

「○○高校に合格できました」

「今年は結婚できました」

ですね。


ただ、書いていて心地が悪いと感じる方もいます。今の自分は叶ってもいないのに、叶った体で書くことが気恥ずかしくて、氣分が良くない。氣分が良くないということは、書いていることを無意識に否定しているのと同じことになります。叶った体（過去形）で書くと氣分が良くない方は、

「○○高校に合格します」

「今年は結婚します」

のように**現在形**で書いてみてください。宣言のようで、氣分は悪くならないでしょう。

私の事例ならこうです。

私と家族が皆、健康で元気に過ごします。笑顔で毎日を過ごします。

ありがとうございます。

２０〇〇年〇月〇日　森レナ

これなら、グッとハードルも低くなり、積極的に絵馬を書けるのではないでしょうか。ぜひ試してください。

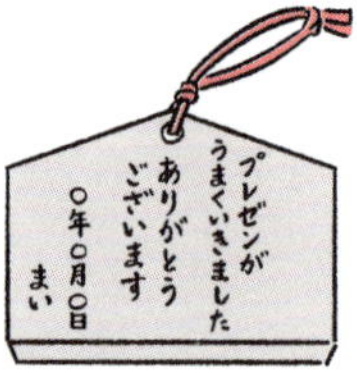

6 お守りの数に限りはない

「お守りはいくつまで持つのが良いですか？」

「〇〇神社のお守りを持っているのですが、違う神社ではいただかないほうが良いですか？」

など、お守りにまつわるご質問をいただきます。

私の考えは、「神様はケンカなんかしないから、**持ちたいだけ持てばよろし！**」です。

日本には、八百万《やおよろず》の神がいると言われています。八百万とは、文字通り８００万ということ。

つまり、日本のいたる所に８００万の神様が存在していると考えられています。自然界そのものが神様であり、守り守られる関係なのです。

日本神話を考えてみても、日本にはたくさんの神様が神社に祀られています。その神様たちが「自分だけを見てくれなきゃ守ってあげないからね！」などと、狭い了見なわけがないですよね。

私はここ10年ほど、各地の神社へ参拝してお守りをいただいていますが、弊害を感じたことはありません。むしろ大勢の神様に見守られて、幸せな人生を歩んでいる気がしています。

あるとき、世界的なミリオンセラー風水作家のリリアン・トゥーさんに、持っているお守りを見せてもらいました。彼女は、大きめのポーチにたくさんのお守りをジャラジャラと入れていて、「私にはこれくらい必要だから、旅をするときにはこのポーチごと持って行っている」とおっしゃいました。

大切なのは、「**神様に守られているのだから、私は大丈夫！　よし、やってみよう**」と心から前向きな気持ちで行動できるかどうかです。神様はあなたをバックアップしたくて待機していますので、遠慮なくお守りを通して守ってもらいましょう。

7 お守りやおみくじは、お財布の中に入れない

神社仏閣を参拝したときにいただくお守りや、引いたおみくじ、あなたはどうしていますか？

お守りはバックにぶら下げたり、キーチェーンにつけたり、おみくじは境内にあるおみくじ掛けに結んだり、持ち帰ったりするでしょう。

ただ、１つ注意していただきたいことがあります。

持ち帰る際に、ポイッとお財布の中に入れていませんか？

金運アップのお守りはもちろん、おみくじで大吉なんて引いちゃったら嬉しくて、お財布の中に入れておきたくなりますよね。

しかし、神社仏閣には、火や水や土などといった属性があります。火の属性の神社

仏閣のお守りやおみくじをお財布の中に入れてしまうと、お札を燃やしてしまい、金運アップを願ったはずが、お札が燃えて消えてしまう恐れがあります。

そのため、お守りやおみくじは、専用のポーチなどに入れて持ち運んだり、吉方位ノートに貼って保管するのをおすすめします。あなたがウキウキするようなお気に入りのポーチや吉方位ノートなら、なお良いですね。

8 できるだけ長く敷地内に滞在する

パワースポットに着いたら、できるだけ長くその場所にいるようにしましょう。

パワースポットとは、良いエネルギーが湧いている場所のこと。良いエネルギーのシャワーを自分にバンバン浴びせたら、どんどんエネルギーが充電されていくのです。

あなたのエネルギー量が枯渇して、ピコンピコンと赤ランプが点滅していたら、少し時間をかけて充電しないとフル充電にはなりません。

パワースポットにできるだけ長く滞在すると、良いエネルギーがどんどん降り注ぐので、心身にパワーがみなぎります。

運のポイントが貯まる吉方位の日はもちろん、そうでない日でも良いエネルギーがもらえます。

神社仏閣を訪れて、ていねいに参拝したり、絵馬を書いたり、おみくじを引いたりすると、あっという間に時間は過ぎていきます。

さらにゆっくり過ごすために、境内にあるお茶屋さんで一休みすることもおすすめです。季節のお菓子やお茶、お団子や甘酒などを堪能しながら、おしゃべりしていると、気づけば数時間も経っていたなんてことも。


他にも、私がたまにするおすすめの方法があります。それは、**お昼寝**です。

神社の駐車場に停めた車の中でお昼寝をしちゃうのです。お昼寝している最中もどんどん良いエネルギーをゲットできるので、起きたらフル充電。昼寝から覚めたときの気分は、本当に最高ですよ。

＊＊＊

今まで神社仏閣で願っても願いが叶わなかった方は、すぐに帰ってしまったり、願いを伝えるときに自己紹介をしていなかったりと、運のポイントが貯まらないことをしていたのかもしれませんね。

本章の最後に、神社仏閣の参拝時にご活用いただける「運のポイントチェック表」を載せています。あなたが参拝時にゲットできている運のポイントがどのくらいなのか、一度チェックしてみましょう。

column

パワースポットに行ったら深呼吸しよう

突然ですが、自分の呼吸に意識を向けて生活していますか？

私たちは、呼吸の仕方を習ったこともないのに、呼吸することができています。吸って吐いてを繰り返し、体が必要とする酸素を取り入れ、二酸化炭素を吐き出すことが、無意識にできています。だからこそ普段、自分の呼吸に意識を向けることは少ないでしょう。

なにかとストレスにさらされる現代人の呼吸は、研究でとても浅いことが分かっています。忙しいとき、イライラしたとき、時間に追われているときなど、ストレスや不規則な生活が、私たちの呼吸を浅くしてしまいます。

私は50代になってから忙しさのあまりイラつき、不安になったことで過呼吸になりました。過呼吸とは、浅くて速い呼吸を繰り返しすぎて、酸素を過剰に取り入れてしまって苦しくなる症状です。お医者さんの誘導でゆっくりと深い呼吸をすることによって、落ち着いて平静を取り戻すことができました。

息を深く吸うことで新しい自分が生まれて、息を深く吐くことで古い自分が消えていく――。

深呼吸を繰り返すたびに、新しい自分に生まれ変わるようなものなのです。

神社仏閣、森林浴、海岸など、パワースポットと呼ばれる良い氣が生まれる場所、龍穴と言われる場所では、ぜひ立ち止まって深い呼吸をしてください。息を一滴残らず吐き出すことで、心身に溜まっている不要な邪氣を吐き出します。

そして、お腹の底まで届くように、深く息を吸うことで、あなたの体の中に良い氣を充分に取り入れ、いつだって生まれ変われることができるのです。吉方位旅では、深呼吸を意識してくださいね。

参拝バッグを準備しよう

私は、普段から吉方位へ行くときの小さなバッグを準備しています。なぜなら、忘れん坊大将だから。それに、「あっ！　今日、これから吉方位へ行こう」「今日は職場が吉方位だな！　帰りに神社参拝してこよう」など、突然閃《ひらめ》いて、吉方位へ行くことが多いからです。

前もって予定を立てているなら忘れずに準備できますが、思いつきで出かけることが多い私は、忘れがち……。

同じような性質の方は、バッグの中に次の5つのアイテムを常備することをおすすめします。

1．御朱印帳
2．本書または吉方位ノート
3．空のペットボトル
4．ハンカチ
5．お賽銭用の小銭入れ

それぞれについて、持っていく理由やポイントをお伝えしましょう。

＊＊＊

1 御朱印帳

御朱印帳は、神社仏閣へ参拝した際、その神仏とご縁を結んだという証明書のようなもの。お守りやお札を取り扱っている「授与所」があり、たいていはその並びに「御朱印・授与所」があります。御朱印帳もそこで買えますので、はじめての方は御朱印帳を買い求めつつ、御朱印を書いていただくと良いですね！

御朱印は、大きく分けて2種類あります。

1つは、持参した御朱印帳にその場で書いていただく**直書き**。もう1つは、あらかじめ御朱印が書いてあるペライチの紙をいただく**書き置き**です。

直書きは、目の前で持参した御朱印帳に判を押して、その上に墨で神社仏閣の名前や日付を書いていただけます。修行された達筆な方に書いていただけるので、もはや芸術です。

一方、書き置きは、あらかじめ書かれた（または印刷された）御朱印が置いてあり、日付だけ書いていただきます（場所によっては、自分で書くところもあります）。

最近、書き置きの御朱印は、各神社が工夫を凝らされています。季節の花々、五節句や雑節にちなんだデザイン、切り絵や色とりどりのデザインで、可愛く、素敵で、楽しいので、直書きも、書置きも、どちらも捨てがたいのです。

御朱印の代金は、おおよそ300円～1000円で、神社仏閣によってさまざまです。「お志《こころざ》しで」や「500円～（以上いくらでも）」など金額が曖昧な神社仏閣もありますが、その場合は最低でも500円を納めると良いでしょう。

2 本書または吉方位ノート

本書には、各方位の特徴、過ごし方やお土産の提案など、吉方位へ行くときのノウハウが詰まっています。移動中に予習するも良し、現地に着いてから「さぁ、どう過ごそうかな」と一読するも良し、土地のエネルギーを充分にチャージできるように都度都度チェックするも良し。吉方位の効果が出やすくなります。

ヒーリング目的の場所なら、できるだけゆったり、まったりできるスパや温泉、エステやマッサージなどを取り入れると良いでしょう。

活動的に行動することが目的の場所なら、体を動かすことがメインになるように、ハイキングや美術館巡りなどを積極的に取り入れると良いですね。

泊まりでお出かけなら、なおのこと忘れずに持参していただきたいです。備忘録のつもりで、気になった場所、おいしかったもの、心が動いたことなど、感動したり、心が盛り上がっているうちに、吉方位ノートにサッと書き込んでおきましょう。そのときの感覚は、あっという間に薄れてしまいます。思い出や感覚も新鮮なうちに、少しでも書いておくことがおすすめです。

3 空のペットボトル

空のペットボトルは、お水汲み用です。お水汲みとは、吉方位で訪れた場所に湧いているお水を汲んで持ち帰り、帰宅後9日間に分けて飲むというエネルギーのチャージ方法です。

「その土地で採れたものを食べる」「その土地で湧いている水を飲む」といった行動は、その土地のエネルギーを体内に入れてチャージするというもの。吉方位の当日だけではなく、帰宅後も飲むことで9日間もエネルギーをチャージし続けられます。

神社仏閣はとても氣の良い場所に建立してあるので、おいしいお水が湧いている所も多いのです。手水舎が湧き水になっていたり、境内にお水を汲める蛇口が別に設置されていて、そこからお水を汲むことができます。

500㎖のペットボトル1本で充分です。もともとお水やお茶が入っていた丈夫なペットボトルが、おすすめです。空のペットボトルを用意しておいて、湧き水に巡り会えたら、すぐに汲めるようにしておきましょう。

4 ハンカチ

ハンカチは、手水舎で使います。

コロナ禍以前は、ハンカチを忘れても、手水舎に白い手拭いがかかっていました。手や口を清めたあとに、濡れた手をサッと拭くことができたのですが、コロナになり手水舎自体も一変しています。

以前の手水舎は、水がいつでもチョロチョロと流れていて、石桶に水が溜まっていました。周りには、水をすくうための柄杓が置いてあり、柄杓に水をいっぱい溜めて、口、左手、右手を清め、最後に柄杓まで清めて戻していました。コロナを経て、手水舎の水は、分散して流れてくるようになり、柄杓が消えました。手をかざすと自動で流れてくる手水舎も出現しました。こうやって、時代の流れとともに、少しずつ変化していくのですね。

5 お賽銭用の小銭入れ

お賽銭用の小銭入れとは、100円玉と10円玉と5円玉が、たくさん入っている小銭入れのことです。普段、お賽銭として115円（いいごえん＝良いご縁）を賽銭箱に納めることが多いので、この3種類の硬貨を普段から貯めています。お買い物の際、現金で支払うときは、この3種類の硬貨でお釣りがもらえるように工夫しています。

最近はキャッシュレスが進み、クレジットカードやスマホ1つで、決済できるようになりました。小銭がジャラジャラしなくなったので便利になりましたが、その代わりお賽銭用の小銭も意識して貯めておかないと、なくなってしまいます。

以前、吉方位の神社へ参拝に行ったとき、駐車場に着いてからお財布を忘れたことに気づきました。自宅から1時間弱の場所のため、かんたんに戻ることもできません。車の中に常備してある小銭をかき集めても数百円しかなかったので、お賽銭だけで、おみくじやお守り、御朱印は諦めなくちゃいけないなと思っていました。

しかし、参拝して授与所に行ってみると、なんと二次元コードでの決済ができるではありませんか！　おみくじも、お賽銭もスマホでできるようになっていたのです。このとき、はじめてスマホで決済して、無事におみくじを引くことができました。

少しずつ神社仏閣も変化していますが、まだまだ対応していない所のほうが多いと思うので、小銭は忘れないように気をつけましょう。

＊＊＊

このように、サッと吉方位へ出かけられるように、あなたもお気に入りのポーチやバッグに準備しておいてはいかがでしょうか。

氏神様には定期的な挨拶がよろし

氏神様《うじがみさま》とは、今あなたが住んでいる場所から**最寄りの神社**のこと。日頃あなたを守ってくださっている神社のことで、神様界の区役所的なイメージです。日本の人口約1億2千万人を一気に守るのは至難の業。そこで各地の神社が分担して、それぞれ周辺の住人を守っています。

ご自宅の周辺を散歩したら、きっと神社があると思います。

特に、自宅からいちばん近い神社が、あなたを担当してくれています。ぜひ、氏神様と仲良くしてください。

氏神様の方向が吉方位のときには、ちょっとだけでも良いので参拝しましょう。

「いつもありがとうございます」だけ伝えてもOKです。

氏神様によっては無人だったり、新年と例大祭のときにしかお札やお守りをいただけなかったりすることもあります。それくらい小さな神社でも、いつもあなたのことを守ってくれています。出かける途中で参拝、帰宅の途中で参拝というように、吉方位に合わせてちょこちょことご挨拶に行くと良いでしょう。

そして、いざというときは「力添えください」とお願いするんです。氏神様は、いちばん近くであなたを応援してくれる神社のホームグランド。あなたも氏神様を味方につけてくださいね。

産土神社には本当に困ったときに行こう

産土様《うぶすなさま》とは、あなたがこの世に生まれ落ちた地域を担当している神様で、その神様が祀られている神社を**産土神社**と言います。

産土様は、その土地で生まれた子供の一生を守る神様です。

氏神様は引越ししたら変わりますが、**産土様は一生変わりません**。

一度、あなたの産土神社はどこなのか調べてみましょう。

私が自分の産土様を調べはじめたとき、どの住所で調べたら良いのか分からなくなりました。というのも、里帰り出産で産まれているので、里帰りした家と、産院、生まれたあとに住んでいた家と、選択肢がたくさんあったからです。

諸説あるのですが、当時、自分が主に住んでいた家（私の場合は、生まれたあとに住んでいた家）の近くに鎮座している神社が産土神社になります。産まれた病院や里帰りの土地もご縁はあるので、産土様ではないにしろ、近くの神社に参拝に出向いてみるのも良いでしょう。応援してくれる神様は多いほうが心強いですから。

ご自分の産土神社を調べて、2つくらい候補の場所が残ってどちらか分からないときは、実際に参拝に出向いてみてください。鳥居をくぐり、参道を歩いているうちに「なんか懐かしい」「ホッとする」という感覚になったなら、あなたの産土様です。

ぜひ、あなたの担当の神様にご挨拶してください。

column

お守りや絵馬は、買うものではなく、授かるもの

神社に参拝しはじめた当初、私は言葉遣いに違和感を覚えていました。神社では、絶対に「売る」や「買う」という単語を使わないのです。神社で購入するお守りやお札は、神社にお祀りしている神様から授けていただくという意味があります。私たちは、授けていただいたお返しに、お供物代わりにお金をお納めするのです。

なので、単なる物品のやり取りではなく、神様からのお授けものとしてのやり取りになります。商売に置き換えてみると、神様が生産者、授与所が直売所（小売商）、私たちがエンドユーザーなのです。

そのため、「売買」は「お授け、いただく」に「〇円です」は「〇円のお納めです」に言葉が変わります。

また、「お守り売り場」や「販売所」も「授与所」となります。授与と言ったら卒

業証書くらいしか思いつきませんが、お札もお守りも、神様から授与されているという意味合いのようです。

神社では祀られている神様に向かって話しているというふうに考えると、次ページのような神様ワードに変換することができます。

・神様ワードへの変換

「お守りを買いたいのですが、売店はどちらですか？」
←
「お守りをいただきたいのですが、授与所はどちらですか？」

「お守りは、どちらで買えますか？」
←
「お守りは、どちらでいただけますか？」

「お札とお守りを買います」
←
「お札とお守りをいただきたいので、お願いします」

「ご祈祷してもらいたいんですけど、いくらですか？」

↓

「ご祈祷していただきたいのですが、初穂料《はつほりょう》を教えてください」

＊＊＊

このように、神社を訪れたときは神様ワードを意識してみましょう。神様に思いが届き、ますます運のポイントや良いエネルギーをゲットしやすくなるかもしれませんよ。

神社仏閣参拝でザクザクゲット!
運のポイントチェック表

第４章では、神社仏閣において、より運のポイントを貯めるためのコツをお伝えしました。

神社仏閣へ参拝する際は、下記の運のポイントチェック表をもとに、どれくらい運のポイントを貯めることができたか確認しましょう。

□ 鳥居をくぐる前に一礼する	＋10
□ 一礼しなかった	－10
□ 鳥居から入らず、近道して参道へ入った	－100

⛩ 手水舎

□ 左手、右手、口の順で清めた（口はそっとつける程度でＯＫ）	＋10
□ お清めを柄杓一杯分の水ですべて終わらせた	＋10
□ 柄杓で水をじゃぶじゃぶかけて両手を清めた	－10
□ 柄杓に直接口をつけ、うがいをした	－10
□ 柄杓に残った水を柄杓の持ち手に流してから戻した	＋50

⛩ 参拝

□ お賽銭を115円（良いご縁）入れた	＋50
□ お賽銭を入れなかった（ケチった）	－20
□ お賽銭を投げ入れた	－10
□ 鈴が綺麗な音色で鳴った（ラッキー）	＋10

- [ ] 銅鑼でゴーンと綺麗な音色を奏でた　+10
- [ ] 二礼二拍手一礼をした　+10
- [ ] 寺院でうっかり二拍手してしまった　±0
- [ ] お線香、ロウソクを灯した　+10
- [ ] まず自己紹介をした　+10
- [ ] 日頃の感謝を告げた　+50
- [ ] 自分の叶えてほしい願いをいちばんに話した　－10
- [ ] 叶えたい願いを話す際に宣言した　+100
- [ ] 参拝した神社の繁栄を最後に願った　+10
- [ ] 一礼してから終了した　+10
- [ ] 参拝時にふわ〜っと良い風が吹いた　+50

⛩ おみくじ

- [ ] 今、心にある悩みや望みを天に聞いてからおみくじを引いた　+20
- [ ] おみくじが凶だったので、内容を読まずにすぐくくりつけた　－10
- [ ] 大吉が出たので、嬉しくなってお財布に入れた　－10
- [ ] おみくじの内容をよく読み、天からのメッセージを受け入れた　+50

⛩ 絵馬

- [ ] 「今日は絵馬を書きたい！」と思い、絵馬を購入して書いた　+50
- [ ] 「○○しますように」「○○になりますように」と書いた　－10
- [ ] 未来のことでも、進行形か過去形で書いた　+50

⛩ お守り・お札

□	「お守りを買いたい氣分♪」と思い、お守りを購入した	＋20
□	ビビッときたお守りを選んだ	＋50
□	金運ＵＰのお守りを購入し、お財布へ入れた	－10
□	神社の雰囲気が気に入ったのでお札をいただいて帰った	＋50
□	自宅にある古いお札にホコリが被っている	－10

⛩ 境内での過ごし方・帰宅

□	御神木の近くで、しばしパワーをいただいた	＋50
□	御朱印をいただいた	＋20
□	湧水を持参したボトルにいただいた	＋20
□	「せっかく水を汲むなら！」と意気込んでたくさん汲んだ	－10
□	境内のお茶屋さんで一休みした	＋10
□	お茶と雰囲気を心から楽しんだ	＋50
□	お茶する時間もお金ももったいないので素通りした	－50
□	境内で調子に乗って、木に登ったり、映え写真を撮った	－10
□	奥の院や拝殿の裏など、ぐるっとお散歩をした	＋50
□	深呼吸をして良い空気を胸いっぱい吸った	＋50
□	写経に挑戦した	＋50
□	心静かな時間を過ごした	＋50
□	帰りに鳥居で一礼した	＋10
□	一礼せずに帰った	－10

さて、運のポイントはどのくらいゲットできたでしょうか？

チェックがついた項目の点数をすべて足して合計ポイントを出し、下記に当てはまるポイントがあなたの状態です。

－300～0ポイント：参拝初心者

どんまい！　ここからです。第４章でご紹介した参拝時のコツを確認して楽しく参拝してください！

0～400ポイント：参拝一般者

参拝の基本を覚えて、願いや望みが叶いやすい強運体質を手に入れましょう！

410～800ポイント：参拝エキスパート

あと一息です！　ポイントＵＰで楽しく、願いが叶いやすくなる参拝の方法を身につけてくださいね☆

810～1040ポイント：参拝マスター

すばらしい！　あなたは参拝マスター☆願いや望みが叶いやすい状態です。

これからも楽しく、軽やかに参拝して、運のポイントを貯めていきましょう！

数ヶ月後
久しぶりだね〜 その後、仕事どう？
順調だよ！
そういえば この前 近所の神社に 行ってみたよ！
へぇ〜！いいねぇ！
みほは 最近 どうしてた？
モジ モジ
実はね…
彼氏から プロポーズ されました！
えー!!
おめでとう!!!
いついつ〜!?
つい先日！記念日にね…
キャー キャー
じゃあまた
式の予定とか 決まったら お知らせするね！
プロジェクト 頑張ってね！
うん
楽しみに してるね！
ありがとう！
結婚か〜 おめでたいな〜
幸せそう だったな〜
わたしも 頑張ろ！
数日後
明日はいよいよ 新プロジェクトの 集大成だ！
最後の社外プレゼン 頑張るぞー！
緊張するけど 前回の 社内プレゼンは うまくいったし
「吉方位」を意識して 運のポイント 貯めてきたから きっと大丈夫！

プレゼン当日
――以上が
弊社提案と
なります
ご清聴
ありがとう
ございました
パチパチパチパチ
おつかれ
さまー!!
居酒
おめでとう!
頑張ったかいが
あったね!
プレゼン
任せて
よかったよ!
ありがとう
ございます!
先輩方が
支えてくださった
おかげです!
最近
本当によく
頑張ってるね
結果も
出てるし
実は
「運のポイ活」
っていうのを
していて
その効果が
現れてる
みたい
なんです!
ワイ
ワイ
「運のポイ活」?
何それ教えて～
数ヶ月後
はあ～
プロジェクトも成功して
久しぶりに
ゆっくりできるな～
今日は
「恋愛運」の吉方位に
行ってみよ!
甘味
わあ
おいしそう!
あんみつセット

すみませーん これ ください！
あんみつセット
!?
はーい！
ごめんなさいねえ 店内が満席で 外の縁台でもいいかしら？
バタ バタ
え!?
私たち 連れじゃないんですが
すみません お茶くださーい
はーい！
お2人分 すぐに 用意しますね～！
ポカーン
バタ バタ
い、一緒に 食べましょうか！
あはは
そ、そうですね！
こうして 私にも
春が――

〈付録〉
いろいろな運

運と聞くと、
何の運を思い浮かべますか？
金運、恋愛運、健康運などでしょうか。
この3つが代表的だと思いますが、
その他にもいろいろな運があります。
本書では、
28この運をご紹介しましょう。

1

健康運

なんか調子が出ない。病院へ行ってもどこも悪くないと言われる。元気が出ない。体が冷える。こんなときは、「健康運」です。「北」に行きましょう。

特に、温泉がおすすめです。少し長く滞在するとより効果的で、体の奥から元気を取り戻していくでしょう。

2

子宝運

子宝に恵まれたいときにおすすめです。「北」へお出かけください。

特に、北にある神社の奥の院までしっかり参拝すると良いでしょう。パートナーと一緒に出かけるなら、隠れ家的な宿や温泉つきの宿での宿泊がおすすめです。

※健康上の理由で子宝に恵まれない場合は、この限りではありません。

3

愛情運

すでに出会っている人や付き合っている人（恋愛に限らず）と、もっと仲良くなりたい、もっと親密になりたい、もっと絆を深めたいと思うなら「愛情運」を高めましょう。「北」へ出かけてください。

今までより一歩近づくことができます。できれば、親密になりたい相手を誘って一緒に出かけると良いですね。

4

変化運

環境、人間関係、自分自身など、何かを変えたくなるときってありませんか？学生の頃は、クラスや学年が変わったり、親の転勤で環境が変わったり、卒業、入学を機に自分をやり直すこともできました。しかし大人になると、大きな「変化」は自ら仕掛けないと起きにくいものです。そんなときは「変化運」。「東北」へ出かけてください。

自然と「変化」のきっかけが訪れます。その波に乗って人生に変革をもたらしましょう。

5

不動産運

良いお家に住みたい。自分にとってベストな環境に住みたい。家を建てたい。マンションを購入したい。あなたにとってのベストな環境や家に住みたいと願うなら、「不動産運」を高めましょう。「東北」へ出かけてください。思わぬかたちで、良い物件に出会うことができますよ。

6

相続運

財産や家を相続する。会社を事業継承する。逆に相続を拒否したい。仕事での引き継ぎなどをスムーズに行いたい。こんなときは、「相続運」を高めましょう。あなたが渡す側でも、受け取る側でも、どちらでもOKです。「東北」へ出かけてください。

きっとスムーズな引き渡し（または、引き渡しの拒否）が、できるでしょう。

7

発展運

今すでにあなたが抱えている「学び」「仕事」「プロジェクト」を、さらに発展、展開していきたいと願っている。もっと多くの人に知らせたい。もっと大きくしたい。もっと先に進めたいなど、次の展開を願っているなら「発展運」を高めましょう。「東南」に出かけてください。あなたの想像を超えたところまで発展していくでしょう。

8

創造運

あなたの中から湧き上がる閃き、想像力を使って、クリエイトしていきたい。音楽、絵、料理、デザイン、ダンスなど、何かしらを使って自分を表現したい。新しい何かをつくりたい、もっと自由に創造し、自己実現したいと願うなら「創造運」を高めましょう。「東」に出かけてください。あなたの創造を手助けしてくれるようなアイデアが湧いたり、表現の場所が見つかったり、新たなインスピレーションが湧いてくるなど、嬉しい閃きがあるでしょう。

9

活動運

頭の中では「コレがしたい」「あそこに行きたい」と、いろいろとやりたいことはあるけれど、なんだか億劫で行動する元氣が出ないとき。目指す目標があって挑戦したいと思っているのに、一歩踏み出す勇氣が出ないとき。そんなときは、「活動運」を高めましょう。「東」へ出かけてください。

特に早朝の神社参拝や、日の出を見に出かけるのがおすすめです。あなたの内側から勇氣や元氣が湧いてきて、「よし、いくぞ！」と自分を奮い立たせることができるでしょう。

10

やる氣運

あれもしなきゃ、これもしなきゃと思っているけど、何もする気が起きないとき、心身ともに気力が低下しているとき、「あー今日もできなかった！」と自分にがっかりしてしまうようなときは、「やる氣運」を高めましょう。「東」へ出かけてください。

それも朝の早い時間帯、日の出の光を浴びるとさらに良いですね。今まで自分を堰き止めていたものが外れるように、やる氣が湧いてきます。

11

アンチエイジング運

いつまでも若々しくいたい。いつまでも綺麗で輝いていたい。そして何よりも、腰が重くなった自分を変えて、フットワークの軽さを取り戻したい。そんなときは、「アンチエイジング運」を高めましょう。「東」に出かけてください。それも、日の出を見に行ったり、できるだけ午前中に出かけたりすると、より効果があります。

友人が誘いの連絡をくれたり、映画やミュージカルに興味を惹かれたり、動き出すキッカケが舞い込みます。その1歩を踏み出すことで、さらに軽やかに行動できるようになるでしょう。

12

結婚運

結婚を見据えた出会いが欲しいとき。婚活を頑張っているのに報われないと思っているとき。もしくは長年付き合っている人と結婚に発展させたいときは、「結婚運」を高めましょう。「東南」へ出かけてください。

新しい出会いの場に巡り会ったり、趣味を通じて思いがけない出会いがあったり、結婚に発展するキッカケができるでしょう。

13

良縁運

お金や情報は、人が運んできてくれるものです。良い人に恵まれるかどうかはあなたの金運、仕事運を左右すると言っても過言ではありません。良縁と言うと、結婚を連想しがちですが、人間関係全般、良縁に恵まれることは、あなたの人生を豊かにします。もっと人生を豊かにしたい、今よりもっと良い人間関係に恵まれたいと願うなら、「東南」に出かけてください。新たなステージの人、あなたにとっての良縁の出会いがありますよ。

14

契約運

不動産の賃貸契約、仕事の契約、商売の契約、結婚や離婚の契約など、契約にまつわることをスムーズに進めたいとき、または契約を締結したいときは、「契約運」を高めましょう。「東南」に出かけてください。あなたにとって優位な契約や望ましい契約を結べます。

15

知性運

もっと知りたい、知識を深めたい。自分の知的欲求を満たしたい。興味が湧いていることを探求したい。そんなときは、「知性運」です。「南」に出かけましょう。

南にある図書館やブックカフェに出かけて、読書をしたり、調べものをすると、集中力も高まり、知識を習得できるのはもちろん、勘が鋭くもなります。

16

ビューティー運

もっと美しいものに触れたい。自分が美しくなりたい。もっと自分の感性を震わせたい。審美眼を磨きたい。そういう欲求が出たときは、「ビューティー運」を高めてください。「南」に出かけると、感性が鋭くなります。

美や芸術にまつわる情報が入ってきたり、美術館や絵画展、アート展示会場などに行く機会やご縁ができて足が向くようになったり、美しいものに触れる機会が増えはじめます。

17

名誉運

もっと他人から認められたい。自分の行動や活動に対して、もっと高い評価を得ても良いのでは？と感じたときは、「名誉運」を高めてください。「南」へ出かけましょう。

今まで日の目を見なかったあなたの行動や活動に注目が集まり、評価される対象になります。しかし、注意しなければならないこともあります。それは、隠しておきたいことも白日の下に晒されてしまうこと……。すべての事象には裏と表、陰と陽があります。あなたの日頃の行いも自身で顧みることが必要です。

18

手放し運

心身ともに「重いな」と感じるとき、抱えているものが多くなっています。物が多すぎて整理整頓が必要なとき、不安や心配事、責任や重圧などで心が重い状態を手放したいとき、縁を切りたいときは、「手放し運」です。「南」へ出かけてください。

急にふん切りがついて、思い切って手放すことができます。また、あなたが何かする必要もなく、相手都合で離れていきます。部屋の中も、心の中も軽くなるでしょう。

19

離合集散運

どっちにしようか？　この人でいいの？　このまま進めていいの？　何か大きな決断のときや考えがまとまらないときは、「離合集散運」を高めるために「南」へ出かけてください。

あなたにとって不要なものは離れ、必要なものが残ります。

自分が動かなくても、相手が離れたり、行くべき方向が決まったりと、自然に答えが決まりますよ。

20

家庭運

家内安全、家族の団欒、家庭内での幸せ度を上げたいとき、もっと家の中を寛げる雰囲気にしたいときは、「家庭運」を高めてください。「西南」へ出かけましょう。

少しずつ家庭内での会話が増えたり、家族で一緒に食事をする時間が増えたり、家族がリビングにいる時間が長くなるなど、団欒の時間が増えるでしょう。

21

仕事運

もっと仕事ができるようになりたい。もっと仕事をバリバリやりたい。仕事を軌道に乗せたい。こんなふうに仕事を頑張りたいとき、ワークライフバランスを取りたいときは、「仕事運」を高めましょう。「西南」へ出かけてください。

思いがけず抜擢されたり、責任のある仕事を任されたり、会社負担で研修に参加できたりと、仕事でグングン成長するきっかけが舞い込んできます。

22

金運

金運をアップしたい。お金の巡りを良くしたいときは、「金運」です。「西」へ出かけましょう。

忘れていた保険金が入る。お小遣いがもらえる。臨時ボーナスが入る。急に仕事の報酬が上がるなど、思いがけない臨時収入や、仕事の入金などが増えます。お楽しみに。

23

恋愛運

今すぐ結婚とは考えていないけど、恋人が欲しい。一緒に映画を観たり、食事をしたり、デートを楽しみたい。そんなときは、「恋愛運」を高めましょう。「西」に出かけてください。

食事や映画など、デートに誘われる。グループでの飲み会に誘われる。帰り道を送ってもらえるなど、なぜかモテはじめます。ビビッときたら誘いに乗ってください。その中で本命の人に出会えるかもしれません。

24

社交運

もっと自分の世界を広げたい。多くの人と出会って、刺激を受けたい。仲間と呼べる人たちと、ワイワイ楽しみたい。そんな願いが湧いたときには、「社交運」を高めましょう。「西」に出かけてください。

あなたが潜在的に持っている社交性が目覚めるでしょう。サークルの募集記事、意外な人からのお誘いなど、あなたの心がビビッとくるものに出会うことからはじまるでしょう。

25

交際運

パートナーや友人、仲間が欲しいときは、「交際運」です。「西」に出かけてください。

楽しい時間を分かち合える人に出会えます。もしくは、出会いの場になるサークルや愛好会などに入り、出会いのキッカケができるでしょう。

26

勝負運

試合に勝ちたい。コンテストで勝ち上がりたい。プレゼンで勝ち取りたい。そして、試験に合格したい。

そんなときはすべて、「勝負運」です。「西北」へ出かけてください。

もちろん、勝つためにはあなたの頑張りも必要です。人事を尽くしてから、天命にも働きかけるのです。ギリギリを救ってくれます。

27

出世運

仕事に対して野心がある。もっと上を目指したい。自分の目指しているポジションを取りたい。もしくは社会的に認められたい、ステイタスの高い自分を感じたい。そんなときは、「西北」に出かけてください。

所属しているコミュニティの長に推薦されたり、突然空いたポジションに就任して役職が上がったり、会員制の倶楽部にお誘いを受けたりしますよ。

28

スポンサー運

誰かに支援してほしいとき、誰かに引っ張り上げてほしいときは、「スポンサー運」です。「西北」へ出かけてください。あなたの活動や仕事を見て、引っ張り上げてくれる人に出会えます。

また、実際にスポンサーとして援助してもらえるようになります。最近はクラウド・ファンディング（クラファン）という方法もありますので、クラファンをする前にスポンサー運を上げておくと良いですね。

＊＊＊

いかがでしょうか？

ただ吉方位に行くのも良いのですが、どの運を高めたいかを決めてから吉方位に行くと、より叶えたいことに近づくことができますよ。

森レナ（もり・れな）

風水コンサルタント　風水心理カウンセラー
結婚・出産後の30代後半、メガバンクで渉外として富裕層を担当し、投資信託や保険において億単位の営業をしていた。リーマン・ショック後、マイナス資産の顧客が大半の中、稼ぎ続けている顧客との出会いがキッカケで風水を志す。2011年、風水を本格的に学びながら、風水×心理についても学び、風水心理カウンセラーの資格取得。日本の風水だけでなく、本場・中国風水の極意を知るため、マレーシアに渡り、世界的風水マスターのリリアン・トゥーに直接師事。中国風水と日本古来の九星氣学を駆使して、風水コンサルタントとして活動している。風水は単なる占いではなく、「統計学×環境学×人間学」という独自の切り口で、強運体質になるための情報提供をはじめる。風水個人セッション、お家鑑定は、12年間で1万件。風水講座やクラブハウスでの朝活も人気。地元新聞社との合同セミナー「お家風水」は、定員120名のところ160名以上の応募が殺到。急遽、増席。SNSやセミナーを通して、夢が叶う風水の取り入れ方、吉方位を使った「運のポイ活」の方法を伝えはじめる。現在は、森レナオリジナルの風水手帳『ドリームプランナー』を通して、運のポイ活の楽しさを伝えている。そして、楽しさの先で、運氣をアップさせて、本当に欲しいものを手に入れ、後悔しない人生を叶える生き方を実践中。

ホームページはコチラ★
https://lenamorioffice.com/

ぜんぶまるっとうまくいく
運の「ポイ活」はじめました。

2024年　9月15日　第1刷発行

著者　森 レナ

発行者　矢島和郎
発行所　株式会社 飛鳥新社
〒101-0003
東京都千代田区一ツ橋2-4-3　光文恒産ビル
電話（営業）03-3263-7770（編集）03-3263-7773
https://www.asukashinsha.co.jp

ブックデザイン　喜來詩織（エントツ）
イラスト・マンガ　yana
校正　佐々木彩夏

印刷・製本　中央精版印刷株式会社

ISBN978-4-86801-031-9

編集担当　吉盛絵里加